Tecnologias da informação e comunicação

Leandro Alves da Silva

Tecnologias da informação e comunicação

uma releitura de papéis para o professor universitário

ALMEDINA

ALMEDINA BRASIL IMPORTAÇÃO, EDIÇÃO E COMÉRCIO DE LIVROS LTDA.
ALAMEDA CAMPINAS, 1077, 6º ANDAR, JD. PAULISTA
CEP.: 01404-001 – SÃO PAULO, SP – BRASIL
TEL./FAX: +55 11 3885-6624
SITE: WWW.ALMEDINA.COM.BR

COPYRIGHT © 2011, LEANDRO ALVES DA SILVA

ALMEDINA BRASIL
TODOS OS DIREITOS PARA A PUBLICAÇÃO DESTA OBRA NO BRASIL RESERVADOS
PARA ALMEDINA BRASIL IMPORTAÇÃO, EDIÇÃO E COMÉRCIO DE LIVROS LTDA.

PRODUÇÃO EDITORIAL E CAPA: CASA DE IDEIAS EDITORAÇÃO E DESIGN
REVISÃO: ERIKA SATIE KURIHARA

ISBN: 978-85-62937-07-1
IMPRESSO EM AGOSTO DE 2011.

Dados Internacionais de Catalogação na Publicação (CIP)
(Câmara Brasileira do Livro, SP, Brasil)

Silva, Leandro Alves da
Tecnologias da informação e comunicação: uma releitura de papéis para o professor universitário / Leandro Alves da Silva. — São Paulo : Almedina, 2011.

ISBN 978-85-62937-07-1

1. Ensino superior 2. Inovações educacionais 3. Tecnologia da educação e da comunicação 4. Tecnologia educacional 5. Universidades e escolas superiores I. Título.

11-05647   CDD–378.173

Índices para catálogo sistemático:
1. Instituições de ensino superior : Mudanças :
Tecnologias da informação e da comunicação :
Educação   378.173
2. Tecnologias da informação e da
comunicação e mudanças : Instituições de
ensino superior : Educação   378.173

TODOS OS DIREITOS RESERVADOS. NENHUMA PARTE DESTE LIVRO, PROTEGIDO POR COPYRIGHT, PODE SER REPRODUZIDA, ARMAZENADA OU TRANSMITIDA DE ALGUMA FORMA OU POR ALGUM MEIO, SEJA ELETRÔNICO OU MECÂNICO, INCLUSIVE FOTOCÓPIA, GRAVAÇÃO OU QUALQUER SISTEMA DE ARMAZENAGEM DE INFORMAÇÕES, SEM A PERMISSÃO EXPRESSA E POR ESCRITO DA EDITORA.

Pensamos demasiadamente, sentimos muito pouco.
Necessitamos mais de humildade que de máquinas.
Mais de bondade e ternura que de inteligência.
Sem isso a vida se tornará violenta e tudo se perderá.

Charles Chaplin

Agradeço ao colega Prof. Dr. Nelson Ludovico e à Editora Almedina por terem apoiado e confiado na edição deste livro.

Prefácio

Foi com o sentimento de alegria que recebi o convite do Prof. Leandro para escrever o presente texto. Nele procurei indicar os traços gerais da obra junto às percepções dos conteúdos apresentados; essas vindas de experiências profissionais como professora universitária e gestora administrativa.

Algumas universidades têm proporcionado aos alunos vivências práticas que viabilizam o contato com as realidades: pessoais, acadêmicas e profissionais. Uma dessas ocorre quando a avaliação deixa de ser feita com característica apenas teórica, ampliando também para compreender: habilidades, competências e emoções. Este direcionamento *holístico* ao avaliar mostra atenções para que o aluno se torne um profissional – na medida do possível – humanizado e experiente.

Algumas empresas têm oferecido aos seus colaboradores ambientes *harmônicos* para desenvolver suas atividades, nos quais se privilegia: a interação, o respeito, e não a imposição de idiossincrasias.

Ambos os cenários anteriores trazem em suas ações os princípios: *perceber* e *ouvir o outro*. Estes não são tendências de comportamento ou modismos, mas, sim, realidades presentes e necessárias nas relações humanas.

A educação superior nos oferece possibilidades de avançar nesses e em muitos outros cenários, que em sua prática traz os desenvolvimentos: profissional e humano. Com ênfase no professor, o autor nos mostra três releituras de papéis dos docentes que buscam conciliar a pedagogia, a psicologia e as tecnologias da informação e comunicação (TICs).

Uma das passagens que me chamou a atenção mostra que: *"as interações professor-aluno-conteúdo e professor-aluno-universidade são precedentes e complementares aos usos das TICs. As tecnologias aparecem como meio e não como fim para essas interações"*.

Os três papéis que tiveram suas releituras iniciadas nos trazem a sensação de que há muito por fazer se quisermos – como diz o autor – a *"prosperidade e benefício mútuo"* nos ambientes universitários e profissionais. Há por fim, indicações de primeiros passos em caminhos que conduzem a uma educação superior que prepare *pessoas*, no sentido de criaturas humanas cada vez mais sociáveis e civilizadas.

Profa. Regina Gante

Sumário

Apresentação XV

1 O ensino superior e as tecnologias da comunicação
e informação 1
   Introdução 1
   1.1 Na direção da hibridização do ensino superior 1
   1.2 Um panorama sobre a hibridização do ensino superior: Canadá,
       Inglaterra e Brasil 5
      Resumo 16
      Questões para discussão 17

2 Introdução à abordagem pedagógica interacionista 21
   Introdução 21
   2.1 Panorama sobre a teoria histórico-cultural da atividade 22
   2.2 Zona de desenvolvimento proximal e três implicações
       pedagógicas 24
      2.2.1 Primeira implicação: a janela de aprendizagem 24
      2.2.2 Segunda implicação: o professor como agente metacognitivo 26

2.2.3 Terceira implicação: a importância dos pares como mediadores da
         aprendizagem..26
   Resumo..27
   Questões para discussão..27

3 Interação professor-aluno-conteúdo nos ambientes híbridos
   do ensino superior...33
   Introdução...33
   3.1 Tipificação dessas interações..33
   3.2 Dinâmicas dessas interações..37
   3.3 Construção e manutenção de vínculo entre professor-aluno..............43
   Resumo..48
   Questões para discussão..49

4 Ações docentes amplificadas por meio dos ambientes
   híbridos do ensino..51
   Introdução...51
   4.1 Ação: tecer significações...51
   4.2 Ação: mediar relações de significação..53
   4.3 Ação: mapear relevâncias...56
   4.4 Ação: construir narrativas fabulosas...58
   Resumo..60
   Questões para discussão..61

5 A capacitação do professor universitário junto às TICs.....................65
   Introdução...65
   5.1 Desenvolvimento de competências do professor...................................66

5.2 As funções social, organizacional, pedagógica e técnica 68

    Resumo 70

    Questões para discussão 70

6 Pesquisa realizada com professores universitários: reflexões sobre a utilização e a viabilização das TICs 75

    Introdução 75

    6.1 Descrição do público-alvo 76

    6.2 Análise dos dados 80

        6.2.1 Primeiro tema: o professor e as TICs 81

        6.2.2 Segundo tema: o professor, o aluno e as TICs 86

        6.2.3 Terceiro tema: a gestão universitária e as TICs 91

    Resumo 99

    Questões para discussão 100

Conclusão 103

Referências 105

Apresentação

A ideia de preparar este livro surgiu da percepção da existência de um cenário complexo e multirreferencial em que os professores universitários se encontram quando são consideradas as Tecnologias da Informação e Comunicação (TICs) e os ambientes híbridos de ensino (i.e. combinação entre ambientes presenciais e virtuais de ensino). Este possui alguns componentes: as etapas de capacitação pedagógica e tecnológica; a necessidade da participação ativa da gestão universitária como fomento à viabilidade de novas funções/atribuições docentes e a personalização/humanização do ensino, possível por meio da abordagem pedagógica interacionista. Um panorama sobre esse cenário é visto durante o Capítulo 1.

O objetivo deste livro é a releitura de três papéis do professor universitário conciliados e imersos no cenário ora mencionado.

Promover espaços de interação e constituir/manter vínculos entre pares (aluno-aluno) e professor-aluno são o primeiro papel a ser relido. Nesses espaços há o aumento da disponibilidade do professor por meio das TICs, o que possibilita a atenção às demandas que o aluno apresenta em seu desenvolvimento humano. Durante os capítulos 2, 3 e 4 apresentam-se fundamentos teóricos e suas implicações, para que este primeiro papel tenha sua releitura iniciada.

Como um segundo papel identifica-se a consideração de que o professor passe por um aperfeiçoamento contínuo. Neste, o docente se vê como pessoa, acadêmico e profissional em constante aprimoramento. Há, portanto, um primeiro olhar para a gestão universitária presente no Capítulo 5, que, conciliado aos capítulos anteriores, procura apresentar uma malha de conhecimentos para que este segundo papel também tenha sua releitura iniciada.

O terceiro papel põe em destaque a necessidade de envolvimento do docente junto à gestão universitária; esta, mantendo-se disponível e atuante para que diretrizes e atribuições relativas ao aluno, ao professor e a ela própria sejam conjuntamente elaboradas. A releitura desse papel tem início no Capítulo 6, no qual a utilização e a viabilização das TICs foram percebidas/investigadas durante pesquisa feita com professores universitários.

Os capítulos foram criados com o intuito de oferecer ao leitor arcabouços teóricos às releituras dos papéis propostos. Há remissões aos capítulos/seções e citações com o objetivo de pontuar/auxiliar a compreensão de determinados fundamentos teóricos. Naturalmente, os textos apresentados são pretextos para uma conversa, início de uma discussão que oportunamente poderá ocorrer ao vivo.

CAPÍTULO 1

O ensino superior e as tecnologias da comunicação e informação

Introdução

São latentes as mudanças que as tecnologias propiciam em nossa sociedade. Elas amplificam a interação entre pessoas e máquinas, proporcionando – em alguns momentos – similaridades/aproximações entre o real o virtual.

As mais diversas mídias (e.g. som, voz, imagem, vídeo e dados) são transmitidas em equipamentos cada vez mais velozes e leves, por meio de redes cada vez mais convergentes e conectadas. Já sentimos os efeitos dos usos das TICs nos mais variados processos de ensino-aprendizagem. Alguns deles são percebidos junto aos alunos quando utilizamos a aprendizagem interacionista e mediada (capítulos 2 e 3).

As universidades tendem a atualizar os currículos e metodologias de ensino, propiciando o surgimento e a adequação de novas modalidades de aprendizagem e interdisciplinaridade. Nesta tendência há o olhar para hibridização do ensino superior.

1.1 Na direção da hibridização do ensino superior

Há uma obra fundamental, escrita por Otto Peters, que nos ajuda a iniciar o caminho na direção da hibridização do ensino superior: **A educação a distância em transição:** tendências e desafios (PETERS, 2003).

Ela enfatiza a descentralização do professor como o único conhecedor do conteúdo a ser transmitido. O professor assume a função de guiar/mediar o processo de ensino-aprendizagem. Para tanto, há necessidade de que o aluno desenvolva a autonomia acadêmica, o aprendizado independente e auto-organizado e a competência do agir em grupo.

Peters (2003, p. 62) complementa:

> [...] não há progresso linear no aprendizado, nenhuma consistência lógica no desenvolvimento do pensamento do estudante. Não se espera que o estudante siga um caminho prescrito da mesma maneira, mas sim que descubra um caminho individual à sua própria maneira. No caso dos hipertextos, o pensamento do estudante não deve necessariamente seguir o pensamento que se desenvolveu como consequência da sequência paratática e linear das palavras e frases nos livros impressos. Em um ambiente informatizado de aprendizagem, o aluno é confrontado com uma quantidade enorme de informações e todo um universo de conhecimento. É possível que ele comece *browsing*, dando uma passagem de olhos de modo aleatório em uma parte qualquer do texto, fique interessado no que lê, tente conseguir mais informações do mesmo tipo, faça perguntas ele mesmo e tente descobrir as respostas navegando. Em outras palavras: não aprende de modo sistemático, mas sim de um modo ao acaso e intuitivo. Isso será um desvio e tanto do ensino e aprendizado tradicionais.

A universidade do futuro combinará o ensino tradicional e o ensino a distância. Consideram-se, portanto, os espaços de aprendizagem real e virtual. O primeiro é tridimensional e há sensações/contextos, percepções imediatas de espaço-tempo. O segundo é bidimensional – este apresenta limitações quando comparado ao primeiro.

Esta combinação ocorrerá devido à necessidade da presença física do professor em atividades durante o processo de ensino-aprendizagem, pois há apenas aproximações dessa presença por meio das TICs.

Certamente, quando considerados ambos os espaços de aprendizagem, novas estruturas pedagógicas são utilizadas. Peters (2003, p. 153) argumenta:

> Como seriam estas estruturas pedagógicas? As respostas não podem ser encontradas recorrendo-se aos métodos com os quais estamos familiarizados por causa de nossas experiências nas escolas e nas universidades. Não, temos que abrir novos caminhos. Devíamos analisar o ambiente informatizado de aprendizagem cuidadosamente sob perspectivas pedagógicas inovadoras. Devíamos nos perguntar: quais são as novas possibilidades tecnológicas que podem ser exploradas para novos propósitos de aprendizagem? É possível obter novas estratégias pedagógicas a partir delas? De que forma poderemos estruturar os espaços virtuais de aprendizagem em benefício dos estudantes? Estas tarefas têm prioridade.

Essas novas estruturas pedagógicas contam com adventos tecnológicos que permitem *saltos* na linearidade, no encadeamento lógico e na sistematização do processo de ensino-aprendizagem. Esses saltos contribuem para que momentos necessários de aprendizagem contínua sejam amplificados, resultando em oportunidades descontínuas e descentralizadas do respectivo processo.

Parte dos efeitos da interação real professor-aluno são perdidos quando é utilizada a virtualidade. Mesmo o professor guiando/mediando o aluno, e este desenvolvendo habilidades de aprender a distância, o contexto e a ideia de espaço-tempo perdem sentido. Segundo Peters (2003, p. 190):

> Se reiterados contatos sociais virtuais de fato acontecem, minha experiência é que eles são estranhamente estéreis e artificiais. Isto é, acima de tudo, o que acontece com conferências por computador, mas também com interação síncrona com som e imagem. Falta espontaneidade e profundidade na comunicação. É suscetível a interferências. O fluxo de sentimentos subjetivos é atenuado e

interrompido. Tudo isso pode de fato acontecer, mesmo se os participantes supostamente apreciam e aprovam esta forma de comunicação. O ensino-aprendizagem não é mais 'vivenciado' globalmente como uma unidade que consiste de espaço, tempo e interação social ritualizada.

Assim, Peters chama a atenção para uma ideia de aprendizagem flexível. Nesta, o real e o virtual são considerados mundos entrelaçados de aprendizagem, combinados por meio da educação presencial, da educação a distância e da educação on-line.

Peters (2003, p. 245) afirma:

> A educação baseada na web é educação a distância e deve também abarcar atividades de ensino e aprendizagem outras que não apenas enviar, ou seja, aulas particulares virtuais, trabalhos em grupo virtual, seminários virtuais, prática virtual em companhias, laboratórios e excursões simulados. Uma universidade virtual deve ser capaz de oferecer estes serviços. E mais: deve desenvolver novas abordagens pedagógicas que explorem o potencial singular do ensino on-line.

Por fim, o autor também afirma que as universidades deverão ir ao encontro da constante modernização, porém, universidades fracassarão se não disponibilizarem espaços de interação social e acadêmica, estes não criados diretamente pelas tecnologias. Ele complementa:

> [...] para se responder àqueles entusiastas por tecnologia que acreditam que, por um lado, o ensino face a face, como praticado nas universidades tradicionais, pode ser substituído e, por outro lado, a falta de comunicação direta no ensino a distância pode ser compensada eficazmente e sem muito esforço por meio de e-mails e teleconferências. Sem querer fazer pouco das oportunidades educacionais que o ambiente informatizado de aprendizagem pode proporcionar

em combinação com 'aprender juntos em separação' e com 'ensinar face a face a distância', a autoilusão encontrada aqui deve ser apontada. Pontos importantes de uma exposição transmitida tecnicamente são reduzidos e alterados em um seminário virtual. Os defensores das comunicações eletrônicas assumem que, com a ajuda das mídias técnicas de comunicação, a aprendizagem na educação a distância e a aprendizagem em um ambiente informatizado de aprendizagem irão emular as formas de aprendizagem que são conseguidas no ensino tradicional. De acordo com eles, sua reputação na comunidade científica irá melhorar. É um erro fatal para a educação universitária! Formas de ensino acadêmico tradicional, em particular se forem baseadas em perguntas e respostas e interações pessoais, serão indispensáveis na universidade do futuro. Nestas formas, a autonomia de telealunos que é conseguida na aprendizagem independente no ensino a distância e no ambiente informatizado de aprendizagem pode provar seu valor, se consolidar e se desenvolver mais. Estamos lidando aqui com um componente constitutivo da aprendizagem na universidade do futuro. (PETERS, 2003, p. 343-344.)

1.2 Um panorama sobre a hibridização do ensino superior: Canadá, Inglaterra e Brasil

Tem-se visto no Canadá[1] um número crescente de instituições de ensino superior (IES) que utilizam as TICs no processo de ensino-aprendizagem. Um dos principais motivos para esse crescimento é o interesse nas possibilidades de interação que as tecnologias permitem, em especial a internet e a videoconferência interativa.

A internet traz acessibilidade e facilidade no acesso às informações. A videoconferência interativa traz similaridade com o formato de aula tradicional, fato este que facilita a interação professor-aluno.

---

[1] As informações e comentários apresentados sobre Canadá, Inglaterra e Brasil têm como referências e pontos de partida os respectivos artigos: Shale (2002); Lewis (2002) e Litto (2002).

Em alguns momentos, as atividades de aprendizagem ocorrem por meio de sessões on-line, que têm horários estabelecidos. No entanto, há aspectos sociais de aprendizagem que tomam forma de algum tipo de contato presencial. Por exemplo, há atividades multimediadas que demandam grande volume de interação e que têm impacto reverso na sala de aula virtual, motivando, assim, a ocorrência de encontros presenciais.

É sabido que, ao tentar levar a aula tradicional para espaços de aprendizagem virtuais, todo um conjunto de habilidades nas diversas tecnologias e equipamentos se faz necessário. Este fato demanda muito tempo e é oneroso, o que acaba limitando essa tentativa.

Assim, em um primeiro momento, a hibridização das IES tornou-se uma opção em relação à educação a distância (EaD) no Canadá. Para tanto, caminhou-se em direção à viabilização da interação professor-aluno por meio das TICs; estudos nos domínios: orçamental, apoio pedagógico e gestão universitária foram necessários.

Um dos consensos obtidos nesses estudos vai ao encontro da excelência profissional necessária às pessoas envolvidas com o *design instrucional*. São elas que formatam e disponibilizam por meio do portal web: funções de apoio administrativo, os programas dos cursos, calendários, inscrições e biblioteca.

A hibridização é apenas um dos meios utilizados para alcançar os alunos geograficamente dispersos; sua estrutura pedagógica propicia encontros presenciais. Porém, há que se perceber e solucionar os entraves burocráticos das IES.

Há o célebre caso da Universidade de York, no qual o corpo docente negociou uma cláusula em seu contrato de que não seriam obrigados a ensinar por meio da tecnologia. Outra questão é a preocupação com a propriedade intelectual e direito de reprodução de cursos e materiais associados.

A hibridização de qualidade mostra-se muito mais cara e trabalhosa do que muito se imaginava; este fato implica restrições no oferecimento de cursos.

Do ponto de vista do corpo docente, há um consenso informal:

- é eficaz ensinar com o apoio das TICs;
- o ensino por meio das TICs exige mais trabalho e planejamento quando comparado ao ensino tradicional;

- a facilidade de interação por meio das TICs resulta em grande volume de interações eletrônicas difíceis de atender, assim poderão ocorrer descontentamentos; e
- a infraestrutura necessária para hibridização nem sempre está disponível nas instituições que disponibilizam os cursos. Trata-se de computadores, softwares, acesso de alta velocidade para internet, *design* instrucional, produção de mídia e suporte técnico.

Há implicações às IES que não se tornarem hibridizadas com a devida rapidez. Uma delas é ficarem obsoletas. As IES "convencionais" terão de mudar a forma como atualmente se organizam para oferecer a hibridização. Isto inclui a EaD, o suporte da infraestrutura fornecida, o fomento ao docente e diretrizes em relação aos direitos de propriedade intelectual.

Esta última é difícil de ser aplicada e apresenta muitas facetas. Por exemplo, a revisão dos materiais do curso exigirá a permissão do autor original. Sem essa permissão o curso terá de ser desenvolvido – de modo total ou parcial – novamente por um novo docente da faculdade, mantendo, na medida do possível, a mesma perspectiva pedagógica.

Outro desafio organizacional enfrentado pelas IES "convencionais" é a estrutura administrativa necessária para lidar com a combinação do real com o virtual. Há necessidade de administrar e produzir cursos, bem como administrar alunos e respectivas distribuições on-line de conteúdos.

Para tanto, as IES "convencionais" necessitam desenvolver uma visão estratégica do uso das TICs na educação, pois, sem uma estrutura de suporte tecnológico adequado, elas e seu corpo docente serão substancialmente limitados.

É necessária uma grande quantidade de esforço nas alterações organizacionais, estratégicas e financeiras, para a combinação completa entre os dois mundos – real e virtual. O que parece mais provável é a adaptação gradual à hibridização do ensino superior.

Tão útil quanto a tecnologia possa parecer, as IES devem perceber que seu primordial papel é o de proporcionar aos alunos o básico de que precisam: do acesso às comunidades, onde a informação é compartilhada, e dos recursos para o acesso ao local e a distância dessas comunidades.

Algumas instituições continuarão a oferecer configuração "convencional" de educação a distância. Neste caso, provavelmente, o processo educativo permanecerá como tem sido nos últimos tempos.

Deve prestar atenção à percepção de que a tecnologia não é uma meta. O fácil acesso a "todas as informações no mundo" não deve ser confundido com um avanço geral da educação das pessoas.

Interessante perceber que a constituição canadense atribui a responsabilidade pelas questões educacionais às províncias (equivalente aos nossos estados). No caso do ensino superior, as instituições – no âmbito das suas missões estatutárias – são livres para escolher suas diretrizes de ensino.

O governo federal do Canadá tem influência indireta em assuntos educacionais por meio de doações e transferências de impostos, do apoio às agências de pesquisa e concessão de apoio financeiro aos alunos (embora as províncias também façam isso).

O financiamento é fornecido por cada um dos respectivos governos provinciais às IES através da burocracia estabelecida por cada província. Por sua vez, as instituições de ensino são autônomas em relação à forma como cumprem suas diretrizes legais. Cada IES, por meio de sua gestão orçamental particular, determina as prioridades de investimentos.

Com algumas exceções, essas gestões são de natureza bicameral, com questões financeiras de responsabilidade de um conselho de governadores, e com as questões acadêmicas de responsabilidade de uma comissão composta por representantes/membros da comunidade acadêmica.

Já na Inglaterra, com a criação da Universidade Aberta de Londres em 1970, o governo britânico, junto ao Conselho de Tecnologia Educacional (um órgão semiestatal), auxiliou na operacionalização dos sistemas abertos de aprendizagem.

Essa operacionalização sugeriu a classificação seguindo a localização geográfica do aluno em relação às IES: distantes, locais e centros de formação.

O conceito escolhido para caracterizar/permear esses três modos de localização é a *aprendizagem aberta*. Inicialmente, ele foi usado de forma ampla para descrever uma abordagem centrada no aluno, especialmente orientada para a diminuição das restrições relativas ao local fixo e ritmo individual de aprendizado.

No coração desse conceito está a autonomia do aluno em escolher e colocar suas decisões sobre sua própria aprendizagem. Esta escolha é feita em relação ao tempo de dedicação, lugar e ritmo de aprendizagem, e ainda sobre assuntos mais próximos, como o próprio currículo, conteúdo, método de aprendizagem e natureza da avaliação.

Contudo, a Inglaterra passou por uma série de pressões que desafiaram as IES para uma revisão ainda maior da *aprendizagem aberta*. Eis algumas delas:

Demandas das partes interessadas para a prestação continuada acessível
A EaD cresceu inicialmente porque as necessidades de alguns grupos não foram atendidas pela educação convencional.

O aumento da diversidade de alunos no ensino superior
Grupos de alunos bem conhecidos na EaD: mulheres em casa com as crianças; deficientes físicos e pessoas em ambientes de trabalho: presencial ou virtual.

Pressões sobre as empresas
Os empregadores estão mais propensos a apoiar seus colaboradores, não apenas no desenvolvimento das competências necessárias ao trabalho, mas também em programas que desenvolvam a capacidade geral e a continuidade do aprendizado.

Necessidades específicas e com qualidade
As entidades patronais (i.e. empresas e organizações econômicas) dispõem-se a exigir adaptações às suas necessidades e com custo-benefício, bem como às necessidades dos próprios alunos.

Limitações de recursos em IES

Dadas as crescentes pressões financeiras resultantes do encerramento de bolsas de estudo e financiamentos, os alunos em tempo integral migram para o EaD em tempo parcial, devido à necessidade de arcar com taxas e despesas pessoais. É sabido que talvez os alunos não participem de palestras e demais eventos porque estarão em seu tempo de trabalho.

Expansão da oferta de vagas devido à crescente diversidade de alunos que estudam no ensino superior

Houve uma determinação governamental para aumentar a participação no ensino superior para 50 por cento, daqueles com idade entre 18 e 30 anos. Dentro desse objetivo, foi dada uma ênfase especial sobre à seleção de alunos provenientes de grupos considerados desfavorecidos e atualmente sub-representados no ensino superior. O cumprimento dessa meta contou com os seguintes desafios:

- o desenvolvimento curricular para criar programas para esses grupos de alunos;
- mudanças na maneira como os alunos aprendem e são avaliados; e
- novas formas de entregar o currículo, em especial por meio das TICs.

Competição na seleção dos alunos

É perceptível que as universidades competem para selecionar mais alunos; isto é sinal de que o número de vagas é maior. Essa pressão torna tais instituições mais centradas no aluno. Já é possível verificar universidades que se tornam cada vez mais conscientes dos seus mercados, possibilitando, assim, o desenvolvimento de currículos e métodos de ensino que atendam às necessidades dos alunos.

Necessidade em manter a qualidade do ensino

Atualmente, a *Quality Assurance Agency do Reino Unido* (QAA) busca contribuir em três finalidades:

- o uso eficaz do dinheiro público;
- melhoria da qualidade do processo de ensino-aprendizagem; e
- fornecimento de informações, por exemplo, para ajudar os alunos em sua aplicação na universidade e nos possíveis empregadores.

Há auditorias realizadas pela agência que seguem os seguintes aspectos de qualidade: elaboração de currículos; conteúdos e organização; ensino, aprendizagem e avaliação; progressão e desempenho dos alunos; apoio aos alunos e orientação; recursos para aprendizagem, aprimoramento e gestão da qualidade.

Alunos atentos à qualidade do ensino
Com um maior número de alunos que pagam diretamente por sua educação, eles cobram publicamente as IES quanto à qualidade do ensino.

Há na Inglaterra um caminho em direção à hibridização que é melhor explicado em termos de um espectro. Em um extremo deste, as universidades têm desenvolvido características de EaD: o uso intensivo de conteúdos permeados por tecnologias, emprego de tutores a distância e assiduidade dos alunos nos centros/polos. No outro extremo do espectro, o ensino tradicional seleciona grande número de alunos, também estes, "tradicionais".

O mais interessante é a diferença entre esses dois extremos. Não há um modo combinado, pois eles implicam em distintos e paralelos momentos de ensino presenciais e a distância. O que existe é uma mudança gradual, com pouco planejamento e *ad hoc*, de uma gama de métodos de entrega de ensino, que muitas vezes se sobrepõem.

A hibridização acelerou com a evolução das TICs. Materiais de aprendizagem utilizados na EaD tradicional sempre foram utilizados pelos alunos em cursos convencionais, mas os materiais baseados na internet podem – com mais facilidade e flexibilidade – ser disponibilizados para os alunos em diferentes locais e em condições diversas.

Para fazer pleno uso das TICs e construir um novo ambiente de aprendizagem para atender às necessidades de todos os grupos de alunos, há a exigência de uma visão estratégica e de esforço de todos aqueles que interagem com os alunos. Os próprios alunos frequentemente agem como uma força conservadora. Suas expectativas são muitas vezes de ensino tradicional, utilizando métodos de ensino e de avaliação a que estão familiarizados.

Organizações de ensino a distância são utilizadas para fazer face a essas expectativas. Proativamente, auxiliam os alunos a se adaptar a uma forma diferente de aprendizagem.

Instituições de ensino superior precisam analisar seus mercados (presente e futuro) e considerar os tipos de ambientes de aprendizagem necessários para atender a essas necessidades de forma inteligente, para que consigam sobreviver. Precisam desenvolver estratégias para tornar os recursos disponíveis e as abordagens de ensino para qualquer modalidade: tempo integral, tempo parcial ou a distância.

Isso significa olhar não apenas para a tecnologia, mas também para todos os outros aspectos do ambiente de aprendizagem, incluindo:

- Currículo: definido não apenas em termos de conteúdo, mas também em relação aos métodos pelos quais os alunos aprendem.
- Os papéis dos professores: novas funções e competências serão necessárias; barreiras existentes entre os papéis serão apagadas com o trabalho em equipe, cada vez mais utilizado.
- Ambientes presenciais e virtuais de aprendizagem: ambientes universitários precisarão de adaptações, com acessos a espaços/situações flexíveis à aprendizagem e às modalidades de apoio ao aluno.
- O material de aprendizagem em diversas mídias: servir uma variedade de necessidades do aluno e indo além da mera transmissão de informação; especial consideração à interação obtida por meio dos conteúdos transmitidos eletronicamente.
- As universidades precisam rever o papel do próprio aluno: elas têm sido tradicionalmente vistas como comunidades de pessoas com olhares mais dedicados ao mundo acadêmico, com defasagem deste

olhar em relação às exigências do mercado. Este olhar reflete nos currículos escolares e seus respectivos conteúdos; conduz o aluno a um papel passivo, absorvendo a informação com base na aula tradicional. Há também um olhar em perceber o aluno como cliente, mas isso ocasiona um papel igualmente limitante. Ele precisa ser visto como participante na sua própria aprendizagem e na de seus pares. Deve desenvolver a consciência de que, ao aprender com a educação superior, deverá também produzi-la.

Criar um ambiente de ensino superior que dê suporte à aprendizagem por meio de métodos de entrega diferentes exigem a priorização de recursos.

Os professores gostam de adicionar novos recursos e técnicas: desenvolver palestras e, ao mesmo tempo, divulgar informações por via eletrônica, para também oferecer presencialmente. Recursos terão de ser realocados para apoiar novas atividades e crescimento de novos métodos de apoio à aprendizagem dos alunos. A transição é trabalhosa, daí a necessidade de uma estratégia para a mudança.

No Brasil, nas últimas três décadas, fatores culturais e políticos têm impedido o desenvolvimento do ensino a distância no ensino superior.

As IES encontram-se atrasadas em relação ao desenvolvimento de abordagens de ensino que façam uso de técnicas de educação a distância. Este atraso ocorre devido à falta de credibilidade dessas abordagens, tanto dentro como fora da comunidade acadêmica. Há também o controle centralizado sobre todos os aspectos do ensino superior por parte do Ministério da Educação (MEC).

Embora haja este atraso, a hibridização não é uma opção pedagógica, mas sim um modo legal permitido no campo da educação formal.

Com o setor público limitado em oferecer salas de aula, instrutores ou fomentos para acomodar um maior número de alunos, coube ao setor privado o atendimento desta demanda. Há a opção de utilizar a educação a distância para remediar este problema, mas medidas concretas ainda não foram tomadas.

Com a Constituição de 1988, o Ministério da Educação tornou-se a maior autoridade em relação ao ensino superior, responsável pela manutenção da qualidade por meio de processos de autorização, reconhecimento e posterior punição. Exerce controle centralizador nas instituições de ensino públicas e privadas; com isso, cria um ambiente em que educadores e instituições hesitam em inovar ou investir em novas iniciativas de ensino-aprendizagem, por receio de serem punidos por técnicos do próprio MEC.

Com resultados insatisfatórios – qualitativos e quantitativos – nas últimas décadas, verificou-se que o Ministério da Educação possui limitações em lidar prontamente com o crescimento e a complexidade, na formação de mais alunos e na diversidade das profissões. A questão é ainda mais crucial no caso da educação a distância no nível superior, que tem crescido pouco e com visões estreitas do futuro e práticas educativas do passado.

O Brasil não é um recém-chegado ao ensino a distância. Já em 1900 havia cursos por correspondência (muitos desses ainda são populares junto a determinados segmentos da população), rádio educativa, a partir de 1923, e a televisão instrucional na década de 1960.

Estudos sobre educação a distância em todo o mundo na década de 1970 colocaram o Brasil entre os líderes, junto com a Índia, Espanha e Reino Unido, mas a descontinuidade governamental decrementou esta colocação.

Apesar de Portugal ter avançado com uma nova mentalidade junto ao Processo de Bolonha, mesmo que tenha a sua própria Universidade Aberta, o Brasil mantém a sua tradição colonial e desloca-se lentamente em direção aos novos paradigmas educacionais.

Embora a Constituição de 1988 (artigo 209) estabeleça claramente que as universidades têm autonomia sobre os currículos e a administração, o MEC age por meio de autorizações para permitir a abertura de cursos de graduação.

Na Lei de Diretrizes e Bases (1996), no artigo 80, há um documento para regulamentar a educação no país; ele declara que todos os cursos universitários completos de ensino a distância e presenciais têm validade igual, porém, há poucas tentativas de estabelecimento do ensino a distância.

Em 1996, o MEC emitiu um acórdão (Portaria nº 228, de 15 de março), que proíbe a validação no Brasil de todos os graus de pós-graduação emitidos por estabelecimentos estrangeiros, de estudos parcial ou totalmente realizados a distância, mesmo quando os graus são atribuídos em associação com instituições brasileiras.

As restrições em relação a distância por parte do MEC são condicionadas aos programas de graduação e pós-graduação que concedem o direito de exercer uma profissão. Cursos de extensão e outros programas que não conferem diploma não se enquadram nessa categoria.

Torna-se aparente que o próprio Ministério da Educação, autorizado por lei para coordenar as atividades de ensino superior no país propicia a criação de situações de desobediência civil, pois os alunos interessados em prosseguir na conquista dos diplomas universitários caracterizada por *qualquer hora, em qualquer lugar de aprendizagem*, acabam por descobrir alguma forma de fazê-la.

E quando consideramos que poucas ocupações na sociedade exigem diplomas autenticados pelo MEC, ambas as partes, os futuros trabalhadores e seus empregadores, podem simplesmente ignorar o Ministério e realizar estudos avançados dentro ou fora do país utilizando técnicas de aprendizagem a distância.

Em 18 de outubro de 2001, o MEC emitiu uma nova regulamentação (Portaria nº 2.253), que permite a presença do uso de *terceiros métodos* como parte dos cursos já credenciados para fins convencionais, mas *não superior a 20 por cento do tempo previsto para a conclusão do programa do curso inteiro*.

A decisão diz ainda que os alunos podem optar por participar ou não na parte da aprendizagem a distância e que, em qualquer caso, todos os exames finais devem ser presenciais. Por último, exige que todas as alterações ou novas propostas devem ter autorização prévia do MEC, ou sofrer punição/intervenção.

Assim, as questões envolvidas nesta situação são:
- O Brasil precisa urgentemente de educação a distância no nível universitário:
    a) para amplificar a qualificação dos professores do ensino primário;
    b) para atender a demanda por diplomas do ensino médio, diplomas e títulos universitários;
    c) para ampliar as ofertas das universidades locais; e
    d) para permitir que as universidades locais consigam servir os diversos segmentos da sociedade.
- Que as autoridades governamentais ampliem os reconhecimentos dos benefícios potenciais da educação a distância no nível universitário ou na qualidade dos educadores locais para executar com êxito os programas que envolvem o ensino a distância. Enquanto espera-se por mudanças significativas, a hibridização do ensino parece ser o único caminho possível para aquelas instituições que desejam ganhar experiência, para consolidar o trabalho das equipes profissionais e criar uma crescente demanda para os cursos a distância. Em vez de ser uma opção pedagógica, é o único caminho aberto neste momento. É sabido que as leis tolhem a opção de colocar maior ênfase na parte da distância de qualquer curso e, assim, não se facilita a vida dos alunos que possuem atribuições profissionais e familiares.

Resumo

Com as TICs cada vez mais rápidas e integradas a hibridização do ensino superior fica ainda mais latente/disponível. De certo há limitações culturais e políticas, porém, caminhamos para que ambas sejam revistas. A aproximação entre os cursos presenciais e virtuais possibilitam entre um e outro mudanças/convergências, antes não possíveis devido às limitações tecnológicas. Em poucos anos não existirão cursos totalmente presenciais. Há um caminho sem volta para uma pedagogia flexível/interacionista que nos auxiliará na compreensão e uso dos tempos e espaços disponíveis por meio das TICs.

Questões para discussão

1) Quais são os passos iniciais na direção da hibridização do ensino superior?

   Investir em tecnologias com alta complexidade que exigem grande competência/habilidade dos professores e alunos para serem utilizadas, bem como um suporte técnico altamente especializado, não parecem ser um primeiro passo a ser dado.

   Certamente deveremos nos preparar para receber os alunos que possuem conexão discada para internet e os alunos que a acessam por meio da banda larga; porém, é a pedagogia que deve ser percebida no primeiro momento.

   A gestão universitária estará atenta às leis vigentes para que o esforço necessário siga a estratégia traçada. Criar um ambiente de ensino superior que possibilite e suporte a aprendizagem por meio de diferentes métodos de entrega exigirá a priorização de recursos. A qualidade do ensino oferecido estará intimamente ligada ao empenho de todos os partícipes presentes na instituição.

2) Como iniciar a amplificação da hibridização do ensino superior nas IES?

   Certamente as titulações dos professores e respectivas publicações devem ser valorizadas, contudo, há indicadores de qualidade que poderiam ser considerados para amplificar a hibridização pretendida: ensino, aprendizado e serviços universitários.

   Inicialmente, esses indicadores embasariam uma *acreditação interna* dos cursos e serviços disponíveis nas IES. As *boas práticas pedagógicas* percebidas seriam divulgadas e sugeridas por meio de programas de capacitação docente.

   Em relação aos serviços universitários teríamos uma oportunidade de conhecer indicadores para respectiva melhora da qualidade de todos os setores das IES. Os *processos/serviços* poderiam ser continuamente aperfeiçoados junto à gestão da qualidade.

3) **Quais são as possíveis mudanças no processo de ensino-aprendizagem decorrentes da hibridização do ensino superior?**

O Prof. Moran – Escola de Comunicação e Artes da Universidade de São Paulo – escreveu em um artigo intitulado *Avaliação do ensino superior a distância no Brasil*, sobre duas *mudanças* que merecem atenção. A primeira refere-se às *mudanças* que a EaD provoca na educação presencial, já a outra refere-se às *mudanças* que a educação presencial *conectada* provoca na EaD (MORAN, 2011).

Em relação à primeira *mudança* ele comenta que na implantação da EaD costuma existir certa desconfiança inicial e até um distanciamento generalizado por parte dos professores. Contudo, alguns professores chamados para escrever textos percebem que não é suficiente o domínio em sua área; eles constatam que é preciso aprender a escrever coloquialmente para os alunos, na tentativa de comunicarem-se de maneira efetiva com eles, bem como desenvolver atividades detalhadas. Já em outro momento, os professores são convidados a gerenciar módulos a distância ou supervisionar atividades de professores-assistentes/tutores. Eles percebem que a organização de atividades a distância exige grande esforço: no planejamento, na dedicação, na comunicação e na avaliação; todos devem ser bem executados, caso contrário, os alunos não constituem vínculo com o curso.

Esses mesmos professores, ao retornarem às salas de aula presenciais, relatam ter uma sensação de estranhamento, de que no presencial falta alguma coisa; de que o planejamento é muito menos rigoroso, que as atividades em sala são muito menos previstas, que o material poderia ser mais adequado e que a avaliação é decidida, muitas vezes, ao sabor dos acontecimentos.

Após uma boa experiência com EaD, professores e alunos costumam trazer os conteúdos/materiais utilizados para sala de aula presencial e isso contribui para diminuir a separação existente entre os que utilizam EaD e os presenciais.

A EaD on-line tem contribuído para diminuir a imagem de individualismo que o aluno de EaD carrega. A internet permite que múltiplos acessos amplifiquem a possibilidade de interação e participação. Ela combina o melhor do acesso assíncrono – o estudo individualizado – com momentos síncronos – momentos de interação/orientação, trocas de resultados etc.

O professor não precisa dedicar toda a sua energia em transmitir a informação. Por meio das TICs, ele pode disponibilizar materiais para leitura e realizar atividades programadas (individuais e grupais), exercendo os papéis de informador, mediador e contextualizador.

A EaD nos permite perceber quão importante é estarmos próximos, podendo sanar problemas de aprendizagem e dúvidas. Quando estamos próximos, os laços de confiança e afetivos ocorrem com maior facilidade. Neste momento, chama-se a atenção ao professor que interage com o aluno a distância; ele tem consigo a responsabilidade da criação e manutenção desses laços – são eles que diminuirão a evasão.

Em relação à segunda *mudança*: a convergência/combinação das TICs em redes e inovações no ensino presencial tem modificado a organização/estratégia da EaD. O design dos materiais manteve a importância e qualidade necessárias para o aprendizado do aluno, porém, percebeu-se que a participação em grupo e a interação entre pares são necessárias para um aproveitamento efetivo/real do curso e diminuição da evasão.

Junto à EaD on-line são comuns aulas presenciais no começo e no final dos cursos. Essas aulas auxiliam na motivação e criação/manutenção do diálogo entre alunos e professor-aluno.

Por meio de jogos e simulações on-line é possível que o aluno experimente, vivencie as mais diversas situações de aprendizagem; sendo elas para fins acadêmicos e/ou profissionais. Há possibilidade de atividades e interações multimediadas que suportam grupos de alunos on-line.

Pode-se também chamar a atenção às formas de avaliação por meio da EaD suportada pela internet. Momentos presenciais de avaliação são combinados com os a distância; por meio de atividades individuais e grupais eles contribuem para uma melhor avaliação dos conteúdos/materiais e do processo de ensino-aprendizagem.

CAPÍTULO 2

Introdução à abordagem pedagógica interacionista

Introdução

A abordagem pedagógica interacionista está fundamentada na teoria *histórico-cultural da atividade*. Nela, há três aspectos que interessam particularmente aos professores universitários. O primeiro refere-se à importância da interação professor-aluno, uma vez que os processos psicológicos superiores (i.e. pensamento verbal, memória lógica, formação de conceitos, atenção voluntária, motivação etc.) emergem de fenômenos sociais. O segundo aspecto apresenta-se por meio da *linguagem* e do *signo*[1] *linguístico*, culturalmente construídos e compartilhados como facilitadores da interação e, a partir dela, a ocorrência da formação dos processos sociais e psicológicos humanos.

O terceiro aspecto é o conceito de *Zona de Desenvolvimento Proximal* (ZDP), considerada espaço de interação professor-aluno. Ela atribui sentido à ação do professor e à importância desta ação como fator potencial do *desenvolvimento cognitivo* do aluno. Da ZDP decorrem três implicações pedagógicas, que possibilitam *interações* baseadas no *contexto histórico-cultural* dos envolvidos e, com isso, abre-se a oportunidade de que o conhecimento seja construído pelo aluno, por meio das interações entre pares e professor-aluno, possibilitando que a aprendizagem coletiva influencie a aprendizagem individual.

---
1 O signo é constituído pela combinação de um conceito denominado significado e uma imagem acústica denominada significante. A imagem acústica de um signo linguístico não é a palavra falada, ou seja, o som material, mas sim a impressão psíquica deste som (NETTO, 2001).

2.1 Panorama sobre a teoria histórico-cultural da atividade

A teoria histórico-cultural da atividade está ligada à escola de psicologia soviética, sendo hoje resultado de contribuições de Vygotsky (1978), Leontiev (1978) e Luria (1978), os quais se juntaram em fase posterior às contribuições ocidentais de Veer et al. (1994, 1991) e Wertsch (1991, 1985), entre outros.

Leontiev (apud COVOLAN, 2002) considera a existência de três níveis de análise à teoria histórico-cultural da atividade; sendo eles: atividade, ações e operações. A atividade está associada à *motivação* que surge na tentativa de se alcançar um determinado *desejo*, o qual faz parte do mundo real. Junto à atividade, o aluno realiza ações, traduzidas em planejamentos que almejam alcançar o desejo pretendido. Essas ações estão relacionadas com objetivos. Assim que os objetivos estão definidos, as condições externas vão determinar o(s) conjunto(s) de etapas que deverão ser realizados em direção ao que é desejado. Essas etapas são as operações. Uma ação é constituída de uma ou várias operações, e, por sua vez, uma atividade pode estar vinculada a várias ações diferentes, ou ainda, uma ação pode ser relevante para diferentes atividades.

Para Vygotsky, a *mediação* da atividade humana apresenta características afetivas e sociais que compõem as interações, por meio da linguagem e do signo linguístico (i.e. ferramentas). A questão central é a aquisição de conhecimentos pela interação da pessoa com o meio e com o outro, como uma forma de ligarem-se ao mundo real (VYGOTSKY, 1978). Portanto, tem-se por mediação a intervenção do homem em relação à sua realidade e à do outro.

O uso eficaz das ferramentas junto à mediação está relacionado com o progresso do *desenvolvimento cultural e individual* daqueles que estão em atividade. As ferramentas são criadas pela sociedade ao longo da história humana e mudam constantemente com ela – trazem efeitos sobre a mente de quem as utiliza e sobre o contexto em que estão envolvidas; assim é caracterizado o desenvolvimento cultural. As ferramentas culturalmente produzidas trazem transformações comportamentais em forma de ponte, entre formatos antigos e novos de desenvolvimento individual. Assim, a mudança do mecanismo de desenvolvimento individual está enraizada na sociedade e na cultura. Quando há inclusão de uma nova ferramenta, esta portadora de uma carga cultural anterior que conduziu à sua concepção e construção, há também a inclusão de diversas novas funções relacionadas com o seu uso e controle (VEER et al., 1991).

Em Veer et al. (1994, p. 7), as *funções psicológicas humanas* são referenciadas quanto à natureza cultural, histórica e contextualmente específica. Essa referência também ocorre porque as ferramentas que interferem nessas funções são igualmente situadas e dependentes do contexto em que são utilizadas:

> [...] todas as funções psicológicas iniciam-se e estendem-se culturalmente, historicamente e em contexto específico. Essas seguem o fato de que as ferramentas, as quais entram nas funções psicológicas humanas, também são culturalmente, historicamente e contextualmente específicas. Neste sentido, não existem formas da sociocultura não serem consideradas durante uma atividade. Simultaneamente, não existem ferramentas que são adequadas para todas as atividades e não existem ferramentas universalmente apropriadas para todas as mediações culturais. A linguagem; a ferramenta das ferramentas não é exceção dessa regra.

Com esse ponto de vista, parece não existir razão que justifique o estudo do *desenvolvimento psicológico* separado das circunstâncias culturais dentro das quais os alunos, professores, conteúdos e tecnologias estão imersos.

Para Vygotsky, há uma lei geral do *desenvolvimento cultural*. Ela traz como preceito que todas as funções cognitivas aparecem duas vezes. Primeiro há a função cognitiva no ambiente social (interpsicologicamente) e, mais tarde, em momento individual (intrapsicologicamente). Vygotsky chamou esse fenômeno de interiorização, o qual consiste em uma série de transformações.

Cada transformação ocorre por meio de uma atividade externa que é percebida junto à motivação e ao desejo do aluno. Logo depois, começa a ocorrer de modo interiorizado. Neste momento, um processo interpessoal transforma-se em um processo intrapessoal, sendo essa transformação o resultado de uma longa série de eventos do *desenvolvimento humano* (VYGOTSKY, 1978).

2.2 Zona de desenvolvimento proximal e três implicações pedagógicas

A percepção e a análise da Zona de Desenvolvimento Proximal (ZDP) junto às três implicações pedagógicas foram feitas integralmente em Fino (2001). Há aqui uma breve apresentação delas como parte do embasamento teórico às releituras de papéis propostas. A ZDP é caracterizada pela existência de uma área potencial de desenvolvimento cognitivo, definida como distância entre a situação atual de desenvolvimento do aluno, determinada pela sua capacidade atual de resolver problemas individualmente e o progresso potencial, determinado pela resolução de problemas sob orientação do professor ou em colaboração com pares mais experientes.

Por meio da ZDP é possível lidar com duas questões práticas da psicologia educacional: a avaliação das habilidades cognitivas dos alunos e a avaliação das práticas de ensino. No primeiro caso é verificada a situação atual de desempenho individual do aluno e o progresso que ele seria capaz de alcançar, colaborando interpsicologicamente. O segundo caso traz a defesa de que o exercício intrapsicológico cresce a partir do exercício interpsicológico. Essa defesa consiste na afirmação de que a prática de ensino é satisfatória quando há evolução no desenvolvimento cognitivo do aluno.

2.2.1 Primeira implicação: a janela de aprendizagem

Representando a ZDP como a diferença entre o que o aluno pode fazer individualmente e aquilo que é capaz de fazer com a ajuda do professor ou de alunos mais experientes, Vygotsky traz o princípio da prontidão, o qual implica a necessidade de o aluno alcançar e permanecer em evolução para conquistar níveis cognitivos maiores.

Junto à ideia da ZDP, Vygotsky sugere a existência de uma *janela de aprendizagem*. Ela é percebida a cada momento do desenvolvimento cognitivo do aluno, deve ser individualmente considerada e pode ser estreita ou ampla. Tendo em conta grupos de alunos, há diversas janelas de aprendizagem, todas individualizadas, que necessitam de abordagens de ensino-aprendizagem distintas entre si.

A janela de aprendizagem implica diretamente a elaboração de contextos de aprendizagem; há necessidade, portanto, de garantir ao aluno conjuntos de atividades e de conteúdos para que ele consiga personalizar a aprendizagem.

Ao perceber que o aluno só é capaz de resolver atividades que estão ao alcance da situação atual de seu desenvolvimento cognitivo, o professor intervém com outra prática de ensino e reavalia a atividade utilizada. Wertsch (1985) afirma que são ineficazes as aprendizagens orientadas aos níveis de desenvolvimento cognitivos já atingidos, isso porque não apontam para um novo estágio no processo de desenvolvimento humano como um todo.

Portanto, na perspectiva de Vygotsky, exercer a função de professor atentando-se a uma ZDP implica em proporcionar ao aluno apoio e recursos, de modo que ele seja capaz de alcançar/aplicar níveis de conhecimento mais elevados do que seria possível sem ajuda.

Para atuar como professor considerando uma ZDP há necessidade de conhecer o modo como se organizam o contexto e o ambiente de ensino, de tal forma que o aluno possa atingir um patamar mais elevado ou mais abstrato a partir do qual iniciou. Desse patamar, espera-se que aluno se torne mais consciente por meio da interação social, a qual vislumbra que ele esteja constantemente próximo ou em seu limite potencial (BRUNER, 1985).

2.2.2 Segunda implicação: o professor como agente metacognitivo

Atribuem-se ao aluno as identificações dos conhecimentos aprendidos e das habilidades cognitivas durante o fenômeno de interiorização ora visto. Uma vez essas identificações feitas, o aluno iniciará um novo ciclo de aprendizagem, com um nível cognitivo mais elevado. Neste momento, sugere-se ao professor atuar como agente *metacognitivo*.

A metacognição corresponde a conjuntos de atividades relacionadas com a avaliação das práticas de ensino e a avaliação das habilidades cognitivas dos alunos. Todo processo envolve a tomada da consciência do aluno sobre o próprio conhecimento. Ele é guiado pelo professor, por meio de atividades apropriadas/contextualizadas.

Segundo Henderson (1986), o professor atua inicialmente como agente metacognitivo, ao monitorar e direcionar atividades que indicam ao aluno o(s) caminho(s) à resolução e à conclusão do problema pretendido, trabalhando efetivamente como mediador do processo metacognitivo e analista do conhecimento. Quando o aluno interioriza o processo cognitivo desenvolvido, o professor transfere para ele o controle metacognitivo, mantendo para si a responsabilidade como mediador e guia junto à(s) atividade(s) utilizada(s).

Como facilitadoras da ocorrência da metacognição junto ao aluno sugerem-se as práticas de ensino: identificação prévia dos conhecimentos e habilidades; emprego de tecnologias adequadas; demonstração de exemplos que ele consiga identificar erros em seu próprio desempenho e explicitação do conhecimento aprendido e contextualizado na linguagem que ele utiliza.

2.2.3 Terceira implicação: a importância dos pares como mediadores da aprendizagem

A mediação da aprendizagem por pares mais capazes possui grande valor, na perspectiva de Vygotsky. Esta mediação é precedida por uma regulação exterior, expressa por meio de habilidades e conhecimentos interiorizados e trazidos pelo aluno mais apto, o qual guia as atividades junto ao aluno com menos aptidão (VYGOTSKY, 1978).

Durante esta participação guiada e mediada, desenvolvem-se os conhecimentos e as habilidades do aluno menos apto. Enquanto este assume maior responsabilidade cognitiva sobre a atividade, também interioriza gradualmente os procedimentos e conhecimentos envolvidos. Dessa forma, torna-se mais autorregulado no conhecimento e na habilidade conquistados, e é deste modo que a regulação exterior transforma-se em autorregulação.

Nos formatos de aprendizagem mediada pelos pares, a responsabilidade pelo controle exterior é transferida do professor para o par-professor, devendo essa transferência de controle promover a aprendizagem regulada. A escolha do par-professor ocorre pela percepção das habilidades e conhecimentos dos alunos. Ela fica sob critérios do professor; mantendo assim a responsabilidade como mediador e guia junto às(s) atividade(s) utilizada(s).

Resumo

Para iniciar a releitura do papel do professor que traz a função de promover espaços de interação e constituir/manter vínculos entre pares e professor-aluno, chama-se atenção à abordagem pedagógica interacionista e suas respectivas implicações. No exercício delas há os desenvolvimentos psicológico, cognitivo, cultural e individual do aluno (i.e. desenvolvimento humano), que ocorrem mediante atividades que conciliam a motivação e o desejo de aprender com conteúdos que façam sentido, essas imersas na interação entre pares e professor-aluno.

Questões para discussão

1) Como iniciar o uso da abordagem pedagógica interacionista nos ambientes híbridos de ensino?

Um bom início é a percepção da linguagem como condição de existência do diálogo, esta presente no conteúdo e interação professor-aluno. O conteúdo aqui tratado é o que está posto em materiais impressos (i.e. livros, artigos, revistas etc.) e também acessível por meio de tecnologias informáticas (e.g. hipertexto, wikis etc.). Essa percepção possui grande importância devido à necessidade de similaridade entre linguagens que professor-aluno-conteúdo utilizam na sala de aula híbrida.

Para haver a construção de significado, o mesmo contexto histórico-cultural e *ontológico*[2] deve ser compartilhado. Ambos dão sentido aos elementos (i.e. proposições, situações etc.) e objetos compartilhados por meio da linguagem (MORENO, 2000).

A linguagem aqui considerada não é vista apenas como instrumento de comunicação, de transmissão de informação ou como suporte do pensamento. Linguagem é interação; um modo de ação social. Nesse sentido, é lugar de conflito, de confronto ideológico, em que a significação se apresenta em toda sua complexidade. Essa complexidade traz os usos e funcionamentos de mecanismos linguísticos e extralinguísticos (BRANDÃO, 2004, p. 89-92).

Os textos que compõem os materiais impressos e disponibilizados por meio das TICs são considerados unidades complexas de significação, cuja

---

2 Ontologia é uma especificação explícita de uma conceitualização. Quando o conhecimento sobre um domínio é representado em um formalismo declarativo, o conjunto dos objetos que podem ser representados é chamado de universo de discurso. Este conjunto de objetos e os relacionamentos descritíveis entre eles são refletidos no vocabulário que as pessoas presentes no mesmo contexto ontológico utilizam para comunicar-se e estabelecer interação. Sistemas computacionais baseados em conhecimento utilizam esse mesmo vocabulário para representar conhecimento. Em uma ontologia, definições associam os nomes de objetos no universo de discurso em um texto de compreensão exequível, o qual descreve o significado dos nomes e axiomas formais que restringem a interpretação e uso correto desses termos. Uma ontologia é uma especificação de uma teoria formal (ARAÚJO, 2000).
Exemplo simples de Ontologia:
O objeto "manga" visto em duas ontologias distintas. Primeiro "manga" como fruto; logo após, "manga" como parte de uma peça de vestuário.
Natureza → Botânica → Vegetal → Árvore → Árvore frutífera → Mangueira → Fruto → Manga
Humanidade → Civilização → Trajes → Camisa → Manga
  └→ Paletó → Manga

análise implica nas condições de sua produção (i.e. contexto histórico-social, situação e interlocutores). O texto como objeto teórico não é uma unidade completa; sua natureza é intervalar, pois o sentido do texto se constrói no espaço discursivo dos interlocutores. Mas, como objeto empírico de análise, o texto pode ser um objeto acabado com começo, meio e fim (BRANDÃO, 2004).

Assim, considera-se a necessidade de que o professor e o aluno utilizem caminhos cognitivos similares, por meio de conteúdos e interações em ambientes híbridos de ensino, para alcançarem o processo de ensino-aprendizagem desejado. Alerta-se para percepção de que, atualmente, os computadores pessoais processam em média dois bilhões de instruções por segundo e conciliam as mais diversas mídias eletrônicas (e.g. imagem, vídeo, som, voz e dados). Devlin (1997, p. 4) mostra que, em determinado momento do avanço tecnológico dos computadores, desejou-se capturar a completa complexidade da comunicação em um espaço onde a interação entre pessoas ocorre. Porém, após anos de estudo, mostrou-se que o processo de comunicação humano não é passível de uma algoritmização completa, bem como qualquer interação professor-aluno.

As tecnologias e as velocidades de propagação das informações devem adequar-se às necessidades das pessoas que as utilizam, e não o contrário. Caso isso não aconteça, ocorrerão constantes erros de comparações entre computadores e pessoas. Uma coisa é fazer bilhões de instruções por segundo, por meio de algoritmos exequíveis; outra coisa é o processo cognitivo das pessoas, com suas percepções da realidade e correlações semânticas feitas por meio de processos linguísticos, para se fazerem entender e estarem presentes em uma ou mais comunidades.

2) **Como viabilizar as atividades, as ações e as operações junto à teoria histórico-cultural da atividade?**

Para viabilizar a *malha* de motivações e desejos que as atividades demandam – estas suportadas pelas respectivas ações e operações (Seção 2.2) – em um primeiro momento sugere-se que as IES mantenham-se atentas e atualizadas junto aos planejamentos educacional, institucional, curricular e de ensino.

Em um segundo momento sugere-se que o planejamento de ensino – que contém os planos de disciplina, de unidade e de aula – seja elaborado com predisposição/vistas à interdisciplinaridade; para tanto, os coordenadores e professores das áreas afins trabalharão conjuntamente.

Em um terceiro momento sugere-se que os objetivos das disciplinas sejam formulados junto aos domínios da taxonomia de Bloom: cognitivo, afetivo e psicomotor.

São exemplos de verbos relacionados a cada domínio (GIL, 2006):

- cognitivo: reconhecer, exemplificar, citar, descrever, redigir, classificar e comparar;
- afetivo: atender, concordar, apreciar, reconhecer, valorizar, rejeitar e acreditar; e
- psicomotor: copiar, imitar, reproduzir, operar, adaptar, combinar e adquirir.

Acredita-se que o exercício dos três momentos ora escritos possibilitem a interação da pessoa consigo, com o outro e com o meio; nessa pessoa as *motivações* e os *desejos* estão presentes proporcionando a *mediação* da atividade humana.

3) Como iniciar a percepção do outro?

Certamente há diversas formas de perceber o outro. Trago uma breve descrição de uma dinâmica que utilizo há alguns anos. Pude vivenciá-la em uma empresa onde trabalhei na década de 1990; ela traz uma moral da história e uma oportunidade de interação *consigo* e com *o outro*.

Os alunos são convidados a escrever um livro para um deficiente visual; grupos de até seis membros são formados. Comento que foram contratados para escrever exemplos de livros – um livro por grupo – e que as características destes devem ser expressas por meio de tópicos.

Os grupos têm 30 minutos para elaborar os livros e os respectivos títulos. Visto o personagem com a deficiência visual e coloco-me a frente e no centro da sala de aula; informo que apenas não vejo e que os outros sentidos estão perfeitos.

Há grupos que logo nos primeiros minutos me procuram para conversar sobre minha idade, há quanto tempo sou deficiente, se leio *Braille*, opção sexual, áreas do conhecimento de que mais gosto etc. Há grupos que percebem essa movimentação inicial e logo em seguida me procuram. Há equipes que fazem perguntas em voz alta, mas não as atendo; forço para que a conversa ocorra com o devido respeito e próxima a mim. Há equipes que não me procuram.

Ao finalizar o tempo, deixo livre a escolha por expor ou não expor o livro que acaba de ser feito. Desvisto o personagem e iniciamos as exposições.

Com o fim das exposições peço para que os grupos sejam desfeitos e inicio a explicação da moral da história: ao emprestar os olhos para aquele que não vê, há a oportunidade de perceber *a si* e *o outro*. Procuro estendê-la e aproveitá-la para exemplificar outros *momentos/situações* de interação entre pares e professor-aluno.

Parabenizo àqueles que de pronto e que logo em seguida procuraram o deficiente visual para conhecê-lo; do contrário, procuro incentivar para que em uma próxima oportunidade o façam.

CAPÍTULO 3

Interação professor-aluno-conteúdo nos ambientes híbridos do ensino superior

> **Introdução**
>
> As TICs têm colaborado para processos de ensino-aprendizagem, caracterizados por diversas possibilidades de interação professor-aluno-conteúdo, cada vez mais personalizados. Distâncias são minimizadas e o conhecimento é difundido e construído independentemente de fatores espaciais ou temporais. Surgem neste contexto as salas de aula virtuais em *ambientes virtuais de aprendizagem* (AVA), nas quais o professor pode fazer uso de recursos tecnológicos, na tentativa de garantir que os alunos comuniquem-se por meio do computador, estabelecendo um *continuum* de aprendizado junto às aulas presenciais.

3.1 Tipificação dessas interações

Há desafios para elaborar cursos que estão permeados por tecnologias, dentre os quais, torná-los mais interativos e motivar os alunos a serem mais autônomos na construção do conhecimento, recebem grande atenção.

Campbell et al. (2005) argumentam que quanto mais interativo for o processo de ensino-aprendizagem por meio das TICs, melhor será a compreensão de novos conhecimentos e a reorganização de conhecimentos anteriores. Para Sutherland et al. (2004), a hibridização deve gerar cursos que autorizem os alunos a questionar suas ideias e crenças, encorajando-os à construção interativa do conhecimento.

Tolmie et al. (2000) afirmam que sem interação o ensino torna-se simplesmente o ato de passar conteúdo como se fosse um dogma, isto é, ocorre sem a possibilidade de discussão sobre os temas tratados e os alunos têm de aceitá-los sem reflexão. Em ambientes híbridos do ensino superior, devem-se utilizar recursos tecnológicos que propiciem vínculos entre professor-aluno-conteúdo, de modo que os alunos sintam-se motivados constantemente a aprender. O conteúdo, considerado parte do dizer do professor, deve apresentar-se interativo, pois pode não contar a todo momento com o recurso do *diálogo* por meio das TICs presente em aulas presenciais/virtuais expositivas dialogadas.

Em Moore (1993), destacam-se três tipos de interação. Eles variam da tripla formação professor-aluno-conteúdo. Para ele, a interação *aluno-conteúdo* é decisiva, pois dela resultam mudanças cognitivas no aluno. Com atenção ao conteúdo utilizado e disponibilizado, seja ele impresso ou eletrônico, sugere-se que esteja estruturado de tal modo que o aluno interaja e se sinta em condições de refletir e interferir sobre o que foi, é e será estudado.

Há normas que auxiliam o professor na preparação, estruturação, utilização e disponibilização de conteúdos por meio das TICs. Para utilizá-las, recomenda-se que o professor faça uso das teorias e práticas que embasam a *ciência da informação*. Dentre outros assuntos também dignos de apreciação, esta ciência abrange linguagens documentárias, linguística aplicada, geração e o uso da informação e processos de busca e recuperação da informação. Veja a seguir três normas que oferecem tratamento terminológico/linguístico dos conteúdos aos quais os alunos têm acesso.

Em ISO 9241/2000 (2005), há modelos que auxiliam o desenvolvimento e a construção de interfaces para a interação homem-computador. Em Cybis et al. (2007), há um interessante caminho metodológico para garantia da ergonomia e usabilidade da interface criada para a interação aluno-conteúdo.

Em ISO 2788/1986 (2005), há regras para o desenvolvimento e utilização de thesaurus que auxiliam na recuperação de informação em bases de dados. A idealização e construção de um thesaurus são feitas a partir de um índice controlado utilizado tanto na indexação e relacionamento dos termos quanto na recuperação de informação. A hierarquia dos termos contidos em um thesaurus e seus respectivos conceitos são percebidos na forma como estes são classificados.

Em ISO 704/2000 (2005), há padrões para escolha e utilização de termos (i.e. palavras peculiares a um determinado assunto) que auxiliam na construção de taxonomias e thesaurus. Entende-se taxonomia como um sistema de classificação que agrupa e organiza o conhecimento em categorias de representação. A partir dela, é possível fazer uso de relações de generalização ou especialização, por meio de herança simples ou múltipla.

Devido ao advento das TICs, pôde-se repensar o entendimento e a aplicação da taxonomia por meio do termo *folksonomy*. O prefixo *folks*, palavra da língua inglesa, significa pessoas, e agrega à compreensão do termo a percepção do linguajar natural e o contexto em que a pessoa se faz presente. Enquanto na taxonomia clássica são definidas categorias de índices para depois encaixar os termos escolhidos, a *folksonomy* atribui a cada pessoa que faz uso de termos imersos em diversos contextos a classificação por uma ou mais palavras-chave, conhecidas como *tags* (marcadores/etiquetas). Por meio das *tags*, a pessoa pode recuperar informações e compartilhá-las. Pode também visualizar as *tags* de outras pessoas, assim como identificar o grau de usabilidade de cada *tag* em AVA e ou na internet.

Ainda com relação à ciência da informação, há dois trabalhos que merecem atenção. O primeiro é Dervin et al. (2003), que apresentam a metodologia *Sense Making*, que em português significa *"o ato de fazer sentido"*. Essa metodologia consiste em pontuações de premissas teóricas, conceituais e metodológicas sobre o processo de necessidade, busca e uso da informação.

Tem por objetivo avaliar o processo em questão, considerando o que as pessoas percebem, compreendem e sentem durante as interações com instituições, mídias eletrônicas, mensagens e *situações*. Avalia também como as pessoas utilizam a informação encontrada – suficiente ou não – após o momento da busca.

Pretende-se compreender por meio dessa metodologia as atividades humanas de observação, interpretação e compreensão do mundo exterior. Elas interferem nos sentidos lógicos, advindos do uso de esquemas interiores, relativos à cognição. Dervin et al. (2003) definem essas atividades como comportamentos internos (i.e. cognitivos) e externos (e.g. atitudes e reações frente ao meio social), os quais permitem que a pessoa construa e projete seus movimentos e suas ações através do contexto que se faz presente.

Nessa metodologia considera-se a existência de um ciclo de experiências, utilizado durante o processo de necessidade, busca e uso da informação. Este ciclo é compreendido por uma *situação*, que indica a necessidade da informação; *lacunas*, que informam as tentativas que a pessoa faz durante a busca por informação pretendida e o efetivo uso da informação acessada. Nesse ciclo de experiência, Dervin et al. (2003) observam as seguintes características do processo em questão:

- observar a pessoa como construtiva e ativa;
- considerar a pessoa que é orientada *situacionalmente*;
- visualizar holisticamente as experiências da pessoa;
- focalizar os aspectos cognitivos envolvidos;
- analisar sistematicamente a individualidade das pessoas; e
- empregar maior orientação qualitativa.

O segundo trabalho que merece atenção é o de Kuhlthau (2003). Nele há procedimentos para pesquisas por informações em bibliotecas físicas ou virtuais, que consideram o processo de desenvolvimento cognitivo da pessoa que realiza a busca por informação. O interessante é que para a criação e a realização dos procedimentos, a autora faz uso da teoria histórico-cultural da atividade de Vygotsky. Para tanto, ela elenca níveis de interação/mediação entre o aluno e a tecnologia de busca e, paralelamente, há interação/mediação com o bibliotecário por meio da mesma tecnologia.

Os usos das três normas ISO e das recomendações dos trabalhos ora citados visam a personalização que as TICs permitem, nos acessos às variadas bases de dados, por meio dos diversos tipos de mídias eletrônicas. Mesmo que a busca por informação ocorra de modo presencial ou virtual, há tecnologias (e.g. web semântica e web 2.0) que oferecem oportunidades de implementação e uso das referências ora comentadas.

Retomando os três tipos de interação que Moore (1993) considera: a segunda apresenta-se por meio da interação professor-aluno, que sugere que, junto à disponibilização de conteúdos por parte do professor, o aluno receba a motivação para envolver-se em um processo de ensino-aprendizagem mais autônomo. Moore afirma que a influência do docente sobre o aluno nesse tipo de interação é muito maior do que a exercida pelo conteúdo disponibilizado, impresso ou em mídias eletrônicas.

Por fim, a interação entre alunos refere-se ao envolvimento entre pares. A idade dos participantes, experiências acadêmicas/pessoais e níveis de autonomia são características que podem auxiliar no momento da escolha dos pares. Moore (1993) afirma que este tipo de interação promove a motivação e autonomia entre os alunos.

3.2 Dinâmicas dessas interações

O envolvimento do aluno com o processo de ensino-aprendizagem é fundamental para qualquer curso superior. Contudo, considerando os ambientes híbridos de ensino, de nada adiantarão as TICs se não houver possibilidade de interação. Desta forma, preocupou-se em fazer uso de uma abordagem pedagógica que viabiliza a interação professor-aluno e a elaboração de conteúdos utilizados, com a *premissa* de informar a importância do professor-aluno-conteúdo compartilharem o mesmo contexto histórico-cultural e manterem-se constantemente conectados/vinculados por meio da *interação* em *rede*.

Machado (1999, p. 137-138) traz a ideia de *rede*, composta por nós, os quais representam conceitos. As linhas que partem deles, ligando-os a outros nós, são múltiplas relações que se estabelecem, proporcionando a compreensão destes. Ele complementa, afirmando que a aprendizagem deve ocorrer de forma dinâmica, significativa, estimulando o aparecimento de um número cada vez maior de conexões e relações. Ele afirma também que respeitar as diferenças individuais, linguagem e aspectos cognitivos é responsabilidade do professor.

Junto aos AVA, há o *hipertexto* como porta de entrada às mídias eletrônicas. Ele aparece como uma tecnologia de grande implicação pedagógica. Em Santaella (2007, p. 175), há uma definição do funcionamento e uso do hipertexto, que vai ao encontro da premissa ora escrita e da ideia de rede, ora escritos:

> O *hipertexto* traz consigo uma máquina hipertextual que coloca em ação, por meio das conexões, um contexto dinâmico de leitura comutável entre vários níveis midiáticos. Cria-se com isso, um novo modo de ler. A leitura orientada hipermidiaticamente é uma *atividade* nômade de perambulação de um lado para o outro, juntando fragmentos que vão se unindo mediante uma lógica associativa e de mapas cognitivos personalizados e intransferíveis. É, pois, uma leitura topográfica que se torna literalmente escritura, pois, na hipermídia, a leitura é tudo e a mensagem só vai se escrevendo na medida em que os nexos são acionados pelo leitor-produtor.

Lévy (2006, p. 25-26) traz seis características do hipertexto que também corroboram à premissa e à ideia de rede:

> *Princípio da metamorfose*
> A rede hipertextual está em constante construção e renegociação. Ela pode permanecer estável durante um certo tempo, mas esta estabilidade é em si mesma fruto de um trabalho. Sua extensão, sua composição e seu desenho estão permanentemente em jogo para os atores envolvidos, sejam eles, humanos, palavras, imagens, traços de imagens ou de contexto, objetos técnicos, componentes destes objetos etc.

Princípio de heterogeneidade
Os nós e as conexões de uma rede hipertextual são heterogêneos. Na memória serão encontradas imagens, sons, palavras, diversas sensações, modelos, etc., e as conexões serão lógicas, afetivas etc. Na comunicação, as mensagens serão múltiplas, multimodais, analógicas, digitais etc. O processo sociotécnico colocará em jogo pessoas, grupos, artefatos, forças naturais de todos os tamanhos, com todos os tipos de associações que pudermos imaginar entre estes elementos.

Princípio de exterioridade
A rede não possui unidade orgânica, nem motor interno. Seu crescimento e sua diminuição, sua composição e sua recomposição permanente dependem de um exterior indeterminado: adição de novos elementos, conexões com outras redes, excitação de elementos terminais (captadores) etc. Por exemplo, para a rede semântica de uma pessoa escutando um discurso, a dinâmica dos estados de ativação à rede sociotécnica intervêm o tempo todo elementos novos que não lhe pertenciam no instante anterior: elétrons, micróbios, raios X, macromoléculas etc.

Princípio da topologia
Nos *hipertextos*, tudo funciona por proximidade, por vizinhança. Neles, o curso dos acontecimentos é uma questão de topologia, de caminhos. Não há espaço universal homogêneo onde haja forças de ligação e separação, onde as mensagens poderiam circular livremente. Tudo que se desloca deve utilizar-se da rede hipertextual tal como ela se encontra, ou então será obrigado a modificá-la. Na rede não se está no espaço, ela é o espaço.

Princípio de mobilidade dos centros
A rede não tem centro, ou melhor, possui permanentemente diversos centros que são como pontas luminosas perpetuamente móveis, saltando de um nó a outro, trazendo ao redor de si uma ramificação infinita de pequenas raízes, de rizomas, finas linhas brancas esboçando

por um instante um mapa qualquer com detalhes delicados, e depois correndo para desenhar mais à frente outras paisagens do mundo.

Princípio de multiplicidade e de encaixe das escalas
O *hipertexto* se organiza em um modo fractal, ou seja, qualquer nó ou conexão, quando analisado, pode revelar-se como sendo composto por toda uma rede, e assim por diante, indefinidamente, ao longo da *escala* dos graus de precisão. Em algumas circunstâncias críticas, há efeitos que podem propagar-se de uma *escala* a outra: a interpretação de uma vírgula em um texto (elementos de uma microrrede de documentos), caso se trate de um tratado internacional, pode repercutir na vida de milhões de pessoas (na *escala* da macrorrede social).

A abordagem pedagógica interacionista, a ideia de rede e as seis características do hipertexto *complementam-se/correlacionam-se*, permitindo a visualização das dinâmicas das interações professor-aluno-conteúdo em ambientes híbridos de ensino.

A abordagem pedagógica interacionista, por meio da teoria histórico-cultural da atividade, faz uso da linguagem e dos signos linguísticos para compor atividades que possibilitem o desenvolvimento humano do aluno. Uma vez em atividade, há o processo de interiorização, que caracteriza a existência da zona de desenvolvimento proximal que, por sua vez, traz três implicações pedagógicas junto à interação professor-aluno: a identificação de janelas de aprendizagem individuais, o professor como agente metacognitivo e a existência de pares de aprendizagem. Nesta última, há a possibilidade de compartilhar o conhecimento por meio da colaboração e cooperação.

As características metamorfose (i), heterogeneidade (ii) e exterioridade (iii) do hipertexto trazem a constante necessidade, tanto do professor quanto do aluno, de lidar com um número crescente de informações disponibilizadas, sejam impressas ou eletrônicas. As oportunidades de processos de ensino-aprendizagem trazidas pela abordagem pedagógica interacionista, durante a interação professor-aluno e elaboração de atividades/conteúdos, mostram-se pertinentes para ambos: compreender grande diversidade de informações (i), fazer-se entender por meio delas (ii) e trazer constantemente informações que façam sentido para si e para o grupo (iii).

A característica de topologia do hipertexto remete à ideia de proximidade entre significações, aqui considerada fora da geometria clássica, mas junto à ideia de rede ora vista. Compartilhar conceitos de forma dinâmica e significativa, respeitando diferenças individuais, remete às métricas que o professor traça em mapas de relevância de significado durante a interação com o aluno. Há alunos que estão mais próximos enquanto outros estão mais distantes da semântica utilizada pelo professor; assim, por meio da característica de mobilidade dos centros do hipertexto, o professor pode considerar que o aluno navegará na rede à procura de proximidades topológicas que mais lhe façam sentido e assim constituir novos significados semânticos. Esse comportamento é viável devido à característica de acentrismo da rede hipertextual, onde há diversos centros de interesses possíveis.

O ato de navegar do aluno à procura de novas relações de significado correlaciona-se ao processo de interiorização de Vygotsky. Ao navegar na rede, pode existir a interação com o conteúdo, com o professor e entre pares, viabilizando a ocorrência da função cognitiva no nível social (interpsicologicamente) e, mais tarde, no nível individual (intrapsicologicamente). As etapas do processo de interiorização podem ocorrer mediante a constituição do vínculo consigo e com o outro, ambos em atividade.

A característica de multiplicidade/encaixe das escalas traz a ideia do hipertexto organizar-se de modo fractal. Um aluno, ao ler um hipertexto, pode eleger palavras, vídeos, imagens e sons que estão presentes em diversos níveis de interpretação e contextualização. As etapas cognitivas e linguísticas do aluno são visualizadas por meio da fractalidade que o hipertexto possui e/ou da fractalidade que o aluno desenvolve ao navegar no hipertexto. Assim, ele produz significados em diversas escalas de significação, navegando em uma dinâmica fractal e imerso em um processo de contextualização, desde escalas menores até as metalinguagens.

Segue abaixo o triângulo de Sierpinsky (Figura 3.1), trata-se de uma figura fractal. A percepção de que as três implicações pedagógicas vistas por meio da ZDP – a identificação de janelas de aprendizagem individuais, o professor como agente metacognitivo e a existência de pares de aprendizagem –, correlaciona-se com a ideia de fractalidade ora apresentada.

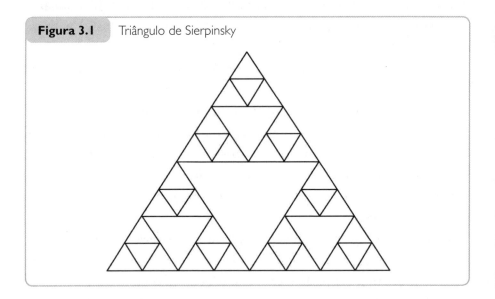

Figura 3.1 Triângulo de Sierpinsky

Em ambientes híbridos do ensino superior, o aluno é convidado a vivenciar o processo de ensino-aprendizagem em diversas escalas de interpretação e contextualização. A janela de aprendizagem, que surge em cada momento do desenvolvimento cognitivo do aluno, pode ser identificada junto à dinâmica fractal sugerida, como também a ação docente metacognitiva e os pares de aprendizagem, decorrentes da interação professor-aluno-conteúdo. Esta apresenta-se por meio da percepção da autossimilaridade que o fractal possui, disposta em escalas de grandezas diferentes. Considerando o triângulo de Sierpinsky como exemplo, correlacionam-se os alunos em um estado inicial de aprendizagem com os triângulos autossimilares menores e, tão logo, o desenvolvimento da ZDP ocorra, há a passagem para escalas maiores de aprendizagem, identificadas por meio dos triângulos autossimilares maiores. Há alunos que já estão na passagem para ou em escalas maiores de aprendizagem; estes, percebidos pelo professor como agente metacognitivo, podem auxiliar na escolha docente por pares de aprendizagem.

3.3 Construção e manutenção de vínculo entre professor-aluno

A expectativa, a espera e a ansiedade são componentes presentes no primeiro encontro entre professor-aluno; seja este presencial e/ou virtual. Nessa oportunidade o professor procura construir e manter o vínculo com o aluno. O passo inicial nessa direção é a *enunciação* utilizada pelo professor:

> Enunciação: emissão de um conjunto de signos que é produto da interação entre pessoas socialmente organizadas. A enunciação se dá em um aqui e agora, jamais se repetindo. Ela é marcada pela singularidade. O enunciador é a figura da enunciação que representa a pessoa cujo ponto de vista é apresentado. É a perspectiva que o locutor constrói e de cujo ponto de vista narra, quer identificando-se com ele quer distanciando-se dele. (BRANDÃO, 2004, p. 89-92.)

Estudos sobre enunciação, de Bakhtin (1999), informam que os enunciados proferidos devem ser criados não de forma isolada, mas imersos em um ou mais contextos sociais. Para tanto, a linguagem utilizada deve ser empregada com a intenção de estabelecer a comunicação e não apenas para exteriorizar pensamentos. Nesta afirmação, pode-se perceber que Bakhtin visa o *diálogo* em busca da significação das palavras comunicadas. Não há enunciado desprovido da dimensão dialógica, a qual traz ao enunciado a possibilidade de composição e relacionamento com enunciados anteriormente produzidos (BAKHTIN, 1999).

Não se espera do aluno a passividade; pelo contrário, aguarda-se a postura de cofalante/autor. Ele elabora seu dizer com a intenção de obter uma adesão, uma complementação, uma ação. Interessante perceber que, em determinados momentos da comunicação, o ouvinte, ao compreender o enunciado do outro, pode transformá-lo e reestruturá-lo (CAMPOS, 2004).

A este respeito, Bakhtin (1999, p. 113) complementa:

> Na realidade, toda palavra comporta duas faces. Ela é determinada tanto pelo fato de que procede de alguém, como pelo fato de que se dirige para alguém. Ela constitui justamente o produto da interação do locutor e do ouvinte. Toda palavra serve de expressão a um em relação ao outro. Através da palavra, defino-me em relação ao outro, isto é, em última análise, em relação à coletividade. A palavra é uma espécie de ponte lançada entre mim e os outros. Se ela apoia sobre mim em uma extremidade, na outra apoia-se sobre o meu interlocutor. A palavra é o território comum do locutor e do interlocutor.

Para Bakhtin, a significação é construída por meio da interação e esta, por sua vez, traz consigo a real função da linguagem: a de garantir que ambos, ouvinte e locutor, estejam na mesma *ponte lançada*.

Em comunicação com a teoria de Bakhtin, Benveniste (1995) afirma que o homem constitui o sujeito na linguagem e por meio dela. Este mesmo autor também constata que o *eu* e o *outro* alternam papéis. Pode-se dizer então que a subjetividade reside na utilização e na apropriação da linguagem pelo *eu* e o *outro*, ações que ocorrem por meio do *diálogo*.

Van Dijk (2000) considera que as ideias sobre *significação, enunciação* e *subjetividade* caracterizam a linguagem como *ferramenta* que auxilia a interferência na realidade. Ele afirma que o ato de estar em *diálogo* desencadeia ações no comportamento dos envolvidos, os quais promovem diversos usos da linguagem, como atos sociais, interação e regras desenvolvidas/utilizadas pela sociedade.

Em complemento à afirmação de Van Dijk, Bronckart (apud CAMPOS, 2004) propõe que a interação seja um processo cooperativo, mediado pela linguagem, no qual o homem, além de representar o mundo em que vive, negocia sentidos por meio do *diálogo* e *textos*. Para ele, o processo de construção/negociação de sentidos pela linguagem consiste de três representações que o homem faz da realidade: (i) representação como aquele que enuncia/ouvinte da realidade (mundo objetivo), (ii) representação das modalidades de interação e cooperação presentes nas comunidades a que pertence (mundo social) e (iii) representação que faz de si mesmo (mundo subjetivo). Bronckart enfatiza que o efeito mediador do agir comunicativo do homem, constantemente transforma o meio, a realidade, os papéis e as pistas deixadas para identificação de sua intenção comunicativa, estes representados nos contextos de suas atividades.

Em um segundo passo, conciliada ao que se é enunciado e dialogado, com a motivação de construir e manter o vínculo com o aluno, há a teoria da *situação*, na qual a linguagem é considerada em seu *modo ativo* (BARWISE et al., 1983, p. 27-41). Neste, o contexto e a *situação* em que se dá a conversação são inseparáveis da significação que proporcionam. Assim, a linguagem é vista como um fenômeno presente na realidade, que é afetada por fatores de natureza extralinguística, ou seja, não é caracterizada por abordagens sintáticas.

Há seis premissas *invariantes universais semânticas* que foram elaboradas junto à teoria da situação, com a proposta de que as línguas humanas comungam de um modo universal e invariável. São elas:

- significância externa: a representação da realidade é feita por meio da linguagem;
- produtividade: relativa ao grande potencial que as pessoas têm de usar e compreender expressões que não integravam seus vocabulários;
- eficiência: as mesmas expressões podem ser usadas em situações diversas para expressar diferentes coisas. As situações dão/são o contexto de interpretação;
- relatividade de perspectivas: a individualidade do interlocutor presente na realidade traz o repertório individual de situações ao emitir/receber informações;

- ambiguidade: esta corrobora com a premissa da eficiência, quando são consideradas expressões com mais de um significado. A diferenciação fica a cargo de entonações, gestos e situações onde são utilizadas; e
- significação mental: quando ocorre interação do interlocutor com a realidade em uma certa *situação* de significação, a transferência de informação realizada informa o estado mental em que o mesmo se encontra. Uma vez o receptor na mesma *situação* de significação, ele poderá acessar as sensações/emoções do interlocutor.

Ambas as teorias – enunciação e situação – vislumbram a *qualidade do processo de significação*, qualidade esta expressa pelo simplismo da necessidade do *outro* estar presente na mesma *ponte lançada* e *contexto/situação*. O ambiente híbrido do ensino superior necessita dessa qualidade na construção e manutenção do vínculo pretendido.

Uma possível aplicação dessas teorias pode ser obtida por meio da *narrativa*, como recurso à prática de ensino e tentativa de conciliar/articular a linguagem em seu modo ativo, à elaboração e uso dos enunciados e à ocorrência e manutenção diálogo.

A narrativa aqui considerada é arquitetada, porém não é utilizada como representação rígida do tempo em uma sequência ordenada de eventos. As palavras de Goodman (1981, p. 111) expressam o conceito de narrativa pretendido:

> Em uma narrativa, nem a enunciação, nem o que é explicitamente enunciado necessitam ser temporizados. A narrativa reordenada de qualquer modo permanece sendo uma narrativa. Isto nos coloca um problema, pois pensamos a narrativa como aquela espécie de discurso cuja peculiaridade é a temporalidade, distinguida da descrição ou da exposição através de sua condição temporal. Nós, entretanto, não concordamos com tal definição. A temporalidade do que é implicitamente ou explicitamente dito não distingue a narrativa, pois mesmo a descrição ou a pintura de uma *situação* momentânea e estática, implica o que

aconteceu antes ou o que acontecerá depois. Uma pintura de uma floresta nos conta implicitamente sobre árvores crescendo e folhas caindo, e uma pintura de uma casa implica que árvores foram cortadas para isto.

Portanto, o conceito de narrativa considerado suporta reordenamento de contexto sem deixar de ser uma narrativa. A temporalidade, entendida como sequência, não é apontada como elemento decisivo na narrativa. A narrativa não se sustenta apenas pela enunciação ou pelo que é explicitamente enunciado. Há necessidade da compreensão sobre o que aconteceu antes, ou do que acontecerá depois do que é narrado, isto é, pelo que é implicitamente enunciado.

Dessa forma, abre-se ao professor a possibilidade de considerar a narrativa, também como prática social e cultural, a qual implica na relação direta entre quem narra algo e alguém que se dispõe a ouvir. Nesse tipo de narração, há o vínculo e o compartilhamento de experiências por meio da comunicação imediata, esta, por sua vez, construída de forma a compreender como o outro constrói seus significados a partir de sua vivência em contextos culturais, linguísticos e interpretativos (BENJAMIN, 1992, p. 35).

Como suporte ao vínculo e ao compartilhamento de experiências entre professor-aluno, chama-se atenção à importância do conhecimento *subjetivo*, que ambos trazem ao ambiente híbrido do ensino superior. Para Polanyi (apud MACHADO, 2008, p. 34), o conhecimento é pessoal e suas representações não podem ser codificadas em livros ou organizadas em teorias. Ele afirma que cada pessoa possui muito mais conhecimento sobre qualquer tema, do que é passível de codificação ou explicitação em palavras. Para verificar tal afirmação, ele representou o conhecimento pessoal como um grande *iceberg*, cuja parte externa correspondente à dimensão explícita, ou seja, o que é passível de explicitação; e a parte imersa corresponde à dimensão tácita do conhecimento, que, por sua vez, sustenta o que é explicitável. Como exemplo, Machado (2008, p. 34) afirma que um aluno pode conhecer um assunto e não ter um bom desempenho na prova ou, simetricamente, alguém pode discorrer de modo pertinente sobre valores sem apresentar uma prática mínima destes.

Sugere-se ao professor universitário que a organização do conhecimento em ambientes híbridos de ensino, possibilite a convivência e equilíbrio entre as dimensões tácitas e explícitas do conhecimento. A convivência e equilíbrio desejados constituem, segundo Polanyi (apud MACHADO, 2008, p. 35), uma característica humana fundamental.

Como acessos à dimensão tácita, sugerem-se práticas de ensino que valorizem e resgatem os conhecimentos que o professor e o aluno trazem consigo, em relação aos conhecimentos que são exigidos durante o processo de ensino-aprendizagem.

Para Machado (2008, p. 35), as atividades de ensino privilegiam o explicitável tanto no desenvolvimento de trabalhos quanto nas avaliações. Ele informa que mesmo após a transmissão de conteúdos disciplinares pelos professores, há casos em que os alunos devolvem os mesmos conteúdos nas provas, ou seja, o conhecimento não foi *incorporado*. Ele complementa:

> [...] os conteúdos disciplinares são normalmente examinados através da escrita, expressos por meios linguísticos ou lógico-matemáticos, permanecendo ao largo todos os elementos subsidiários que necessariamente os sustentam. Na organização das ações docentes seria necessário considerar-se que, tão importante quanto alimentar o conhecimento explícito é sua incorporação efetiva por parte dos alunos. (MACHADO, 2008, p. 35)

Resumo

Nos espaços de interação, a constituição/manutenção de vínculos entre pares e professor-aluno tem início pelo diálogo, permeado do contexto histórico-cultural dos partícipes. Contudo, as interações professor-aluno-conteúdo por meio das tecnologias requerem uma dinâmica; nesta, o professor medeia e guia os alunos em centros de interesses personalizados.

Questões para discussão

1) **Como iniciar a interação professor-aluno com base na dinâmica proposta?**

   Perceber o aluno como *pessoa* é um primeiro passo. Assim e apenas assim, é possível iniciar a construção e manutenção de vínculo aqui pretendida. Ao respeitar a linguagem, o contexto histórico-cultural e a situação que cada aluno está imerso, criam-se condições para que o diálogo com a pessoa-aluno ocorra.

   Ao *ouvir* e *mediar/guiar* momentos de diálogo, o professor permite que os alunos compartilhem experiências por meio das redes de significações. Nesses momentos é possível sentir, perceber, analisar, contemplar os alunos em atividade.

2) **Como iniciar a percepção da janela de aprendizagem do aluno junto à dinâmica das interações sugerida?**

   Grupos de alunos se auto-organizam nas salas de aula presencial e virtual. Eles nos possibilitam a percepção de padrões de comportamento e aprendizado, como também trazem as singularidades de cada aluno. Elas não são perdidas quando os alunos estão agrupados; pelo contrário, elas autoencaixam umas nas outras (Seção 3.3).

   Ao mediar e guiar os alunos em centros de interesses personalizados, o professor possibilita que essas singularidades sejam respeitadas e desenvolvidas culturalmente, por meio das funções cognitivas presentes no ambiente social – *interpsicologicamente* e *intrapsicologicamente* (Seção 2.2).

   Somando-se à percepção dos grupos de alunos e às respectivas singularidades há a necessidade da elaboração de atividades que estejam impregnadas do contexto sociocultural em que os eles estejam presentes.

   Essas atividades conduzem as interações entre pares e professor-aluno à percepção das janelas de aprendizagem, as quais possibilitam que novos desenvolvimentos cognitivos sejam atingidos, vislumbrando um novo estágio no processo de desenvolvimento humano como um todo.

3) **Quais são as atenções iniciais na interação professor-aluno, quando considerado o ambiente híbrido de ensino?**

   Não se deve levar a aula presencial para o ambiente virtual de ensino. A aula presencial tem grande importância junto ao processo de ensino-aprendizagem, quando percebida como um grande encontro e não apenas a continuidade de trocas de mensagens eletrônicas.

Os alunos buscam o encontro presencial como um acontecimento de novidades e conteúdos que façam sentido; quando isso não ocorre, logo é possível sentir que eles estão distantes.

Nos *ambientes virtuais de aprendizagem* não podem existir apenas arquivos para baixar e lugares para postagem de tarefas entregues, há a necessidade de que o professor compartilhe interesses com os alunos e, com isso, perceba *as pontes lançadas* para que a *dinâmica* sugerida ocorra (Seção 3.4).

Ao postar um vídeo, um texto, peça comentários e informe que eles serão utilizados nas aulas presenciais. Peça para que os alunos postem os comentários e que compartilhem entre si as respostas. Leia os comentários e corrija possíveis erros; caso não seja possível tal tarefa, fica a máxima: *é melhor não ter um AVA do que mal utilizar um.*

Retornar mensagens eletrônicas, elogiar o empenho a distância e mostrar que o aluno está no caminho certo ou errado, bem como sugerir maior participação nas discussões do grupo compõem o elenco de possíveis estratégias de acompanhamento do aprendizado do aluno.

CAPÍTULO 4

Ações docentes amplificadas por meio dos ambientes híbridos do ensino

Introdução

Em Machado (2008) são caracterizadas quatro ações que designam o exercício da prática de ensino no ensino superior. A explicitação dessas ações é feita por meio dos pares de ações: *tecer significações* e *mediar relações de significação*; *mapear relevâncias* e *construir narrativas fabulosas*.

Essas quatro ações são amplificadas quando colocadas frente às TICs. Neste capítulo há sugestões para estas, com o intuito de sugerir ao professor universitário práticas de ensino que vislumbrem a utilização plena das TICs, servindo-se dos conhecimentos já trabalhados nos capítulos anteriores.

4.1 Ação: tecer significações

Machado (2008, p. 50) caracteriza o *tecer significações* como:

> [...] a ação de ampliar, estender, refinar, atualizar, reconfigurar – entre outros verbos pertinentes que poderíamos recordar – a rede de significados que os alunos já trazem, valorizando as relações que são percebidas, que estão enraizadas no contexto cultural que vivenciam.

A ação de tecer significações pode ser amplificada conciliando-a à importância de o professor-aluno-conteúdo compartilharem o mesmo contexto histórico-cultural e manterem-se constantemente conectados por meio da interação em rede, esta presente na dinâmica vista na Seção 3.3.

Com o advento das tecnologias, chamando atenção à personalização e às possibilidades de interação, o professor pode arquitetar e construir *percursos* sobre a rede, ordenando os passos a serem dados, de forma hipertextual, encadeando significações por meio da dinâmica ora mencionada.

Considerando o aluno em atividade e guiado em seu desenvolvimento humano, constantes metamorfoses nos centros de interesse e novas conexões entre os múltiplos percursos – topológicos, heterogêneos, exteriores presentes na rede – alteram a escala fractal em que o aluno se encontra, como pessoa e acadêmico.

Há necessidade de atenção para não aprisionar o aluno em processos de *significação* já utilizados. Isto ocorre quando o aluno é guiado pelo professor por meio de atividades orientadas em desenvolvimentos cognitivos já atingidos; para tanto, acredita-se que foram utilizadas práticas de ensino não satisfatórias. Acredita-se também que as três implicações pedagógicas da Zona de Desenvolvimento Proximal tragam alternativas para a elaboração de práticas de ensino que corroboram à amplificação aqui pretendida: janela de aprendizagem/guiar o aluno individualmente; metacognição/guiar o aluno em atividades apropriadas-contextualizadas; mediar/guiar o aluno em pares-professor.

Compõe também esta amplificação a constante preocupação do docente com pré-requisitos e formação permanente com vistas à formação completa do aluno. Essas são condições de existência e resultado do processo de ensino-aprendizagem (MACHADO, 2008). Para tanto, a interação professor-aluno-conteúdo se faz necessária e esta, por sua vez, vislumbra a possibilidade de colaboração e cooperação em ambientes híbridos do ensino superior.

4.2 Ação: mediar relações de significação

Considerando a realidade dos alunos, Machado (2008) alerta para a diferença entre construir o conhecimento a partir do que pode ser percebido ou vivenciado pelos alunos e limitar-se à reprodução das relações já existentes no contexto que vivenciam. Atender ao limite ora posto caracterizaria o professor como um reprodutor de conhecimentos já vivenciados ou de nós/significados já visitados na rede de significações. Também, permitir-se lecionar com o intuito de apenas descobrir as relações que os alunos já reconhecem ou percebem para compor com elas novos feixes de relações não é um comportamento esperado de um professor universitário. Espera-se do professor a percepção de relações que não são percebidas e são fundamentais à rede que se deseja tecer. Para tanto, Machado traz a relevância do professor *mediar relações de significação*, quando novos significados são sugeridos/construídos junto aos alunos:

> [...] não pode haver qualquer receio, por parte do professor, em sugerir ou apresentar vivamente, com todo o entusiasmo novas relações de significado. Não se pode temer o risco de parecer uma invasão ou algum tipo de autoritarismo, é necessário evitar que efetivamente existam resquícios de tais intenções, e para tanto, as palavras-chave são mediação e negociação. Na construção dos significados, portanto, é perfeitamente natural que algumas das relações constitutivas dos nós/feixes sejam apresentadas aos alunos pelo professor. É fundamental, no entanto, que o professor, como um mediador, negocie com os alunos, convencendo-os da relevância das mesmas. Não se pode pretender impor a percepção: é preciso negociar a abertura dos sentidos por parte dos alunos. Na escola, a preocupação dominante tem sido a de ensinar a ler, escrever e contar: na verdade, é preciso ensinar a observar, a ver, a experimentar, a projetar, como há tanto tempo já registrou Leonardo Da Vinci. O processo de sensibilização para o que se considera relevante, embora ainda não vivenciado ou mesmo percebido, a negociação da abertura, o exercício de tolerância

em busca do convencimento, a mediação na construção de um consenso constituem, enfim, uma das competências mais importantes a serem desenvolvidas pelos professores em sua formação. (MACHADO, 2008, p. 52.)

Para amplificar essa ação sugere-se uma releitura conjunta entre a abordagem pedagógica interacionista (Seção 2.2) e as teorias: da enunciação e da situação (Seção 3.4).

Conciliada à ação amplificada de tecer significações (Seção 4.1), sugere-se que a amplificação da ação de mediar relações de significação em ambientes híbridos do ensino superior considere o desenvolvimento humano do aluno em atividade, este também vinculado à personalização e às possibilidades de interação entre professor-aluno-conteúdo que as TICs viabilizam.

A teoria histórico-cultural da atividade é ligada à psicologia e essa ligação conciliou a interação professor-aluno à percepção e ao desenvolvimento dos processos psicológicos superiores de ambos (i.e. pensamento verbal, memória lógica, formação de conceitos, atenção voluntária, motivação etc.), os quais são contextualmente específicos, dependentes da natureza cultural, histórica e situados nos fenômenos sociais que são empregados. Junto à psicologia, Vygotsky valeu-se de ferramentas (e.g. linguagem e signos linguísticos), culturalmente construídas e compartilhadas, para facilitar a ocorrência da interação e, com ela, a formação dos processos sociais e psicológicos humanos.

Ao afirmar que a atividade está associada à motivação que surge na tentativa de se alcançar um determinado desejo presente no mundo real, abre caminho para que a mediação da atividade humana ocorra por meio de ferramentas criadas e modificadas pelas *pessoas*, como forma de ligarem-se ao mundo real e de regularem o comportamento e interações consigo e com o outro. Assim, parece não existir razão que justifique o estudo do desenvolvimento psicológico separado das circunstâncias culturais em que os alunos, professores, conteúdos e tecnologias estão imersos.

Ao utilizar os verbos mediar, negociar, entusiasmar, sensibilizar e tolerar sugere-se que Machado vá ao encontro da interação professor-aluno, presente no desenvolvimento humano do aluno em atividade, através do processo de sensibilização que visa apresentar e sugerir novas relações de significação.

Contudo, na tentativa de amplificar os usos da linguagem em meio ao ambiente híbrido do ensino superior, há necessidade da instauração e manutenção do diálogo junto à linguagem em seu modo ativo.

Em comunicação ao desenvolvimento humano do aluno em atividade, as ideias sobre significação, enunciação e subjetividade (Seção 3.4) caracterizam a linguagem como ferramenta que auxilia o professor e o aluno a interferir na realidade. Ao utilizar a linguagem durante o diálogo, ações no comportamento dos envolvidos são desencadeadas, promovendo a interação, atos sociais e regras desenvolvidas/utilizadas em sociedade. Por meio do diálogo, *o eu* e *o outro* alternam papéis, mostrando que a subjetividade reside na utilização e apropriação da linguagem.

Bronckart (apud CAMPOS, 2004) afirma que no processo de construção/negociação de sentidos pela linguagem, o homem faz representações da realidade frente aos mundos objetivo, social e subjetivo, nas quais o efeito mediador do agir comunicativo do homem transforma o meio, a realidade, os papéis e as pistas deixadas para identificação de sua intenção comunicativa, estes representados nos contextos de suas atividades.

Também relacionada à teoria de Vygotsky (1978) e de Bakhtin (1999), a teoria da situação de Barwise et al. (1983) afirma que a linguagem, considerada em seu modo ativo, implica em que o contexto e a situação em que se dá a conversação sejam inseparáveis da significação que proporcionam. Portanto, acredita-se que a linguagem utilizada por todos que participam da mediação por novas relações de significação, uma vez em conversação, instaurando-se e mantendo-se em diálogo, trará as representações da realidade, individuais e coletivas, propiciando o uso das seis premissas invariantes universais semânticas.

Como possível síntese do exercício das seis premissas invariantes universais semânticas (Seção 3.4), consideram-se a humildade/prosperidade e o benefício/respeito mútuo entre o interlocutor (eu) e o receptor (outro), ao ouvir e ao falar, em processos de sensibilização para mediar novas relações de significação, atentando-se à situação de significação/contexto em que ambos se encontram para acessar e compartilhar sensações e emoções. Para tanto, como ferramenta junto à linguagem, há também o signo linguístico.

4.3 Ação: mapear relevâncias

Para Machado (2008), tecer significações e mediar a percepção de relações relevantes, ambas relativas aos temas e vivências dos alunos ou a eles apresentadas, trazem a aparência de um enorme emaranhado de significados, em que tudo pode relacionar-se com quase tudo. Essas *múltiplas inter--relações* conduzem a efeitos importantes, positivos e negativos – positivamente há o fato de que se abrem muitas portas de entrada, ativando-se múltiplos centros de interesses à abordagem dos temas a serem desenvolvidos; negativamente há o fato de que se pode diluir o sentimento de *relevância* dos diversos temas, uma vez que conteúdos significativos podem aparecer relacionados a outros irrelevantes.

Machado (2008) afirma que para tirar proveito da multiplicidade de relações entre os diversos temas é necessário mapear o que é e o que não é relevante, tendo em vista as intenções e os projetos em curso. Como fora dito, tudo pode ser relacionado a quase tudo, mas discernir o que importa é a questão. Para ele, nunca duas noções estiveram tão ligadas quanto às ideias de rede e de *mapa*, com o intuito de viabilizar a navegação em meio às *relações/interconexões* nas redes de significações.

Ao considerar a ideia de *mapa* em sentido literal, o paralelismo rede--mapa recebe um elemento importante que auxilia a navegação nos emaranhados de significações: a escala. Machado (2008, p. 54) escreve o seguinte trecho sobre a importância da *escala*:

> [...] em primeiro lugar, o mapa representa o território, mas não pode ser confundido ou identificado com ele. Não pode ser uma cópia per-

feita, com todos os elementos do território, assim como não pode dispensar a presença de qualquer de seus elementos. Entre dois extremos – nada representar ou tudo representar – situa-se a responsabilidade e a competência de quem mapeia. É necessário distinguir o que precisa ser representado daquilo que não se justifica registrar. O exercício dessa competência pode ser instrumentado por algumas medidas concretas. Considera-se, por exemplo, a ideia de escala. Todo mapa é construído segundo alguma escala, que estabelece a relação entre as distâncias representadas no papel e as correspondentes no território. A escolha da escala é decisiva para o discernimento do que vai aparecer ou não na representação: uma vez convencionada, define-se o limiar do que é ou não perceptível e certos elementos simplesmente deixam de existir. A escala determina, pois, um *"esquecimento coerente"*.

Para ele, uma situação similar é vivenciada pelo professor diante de um tema a ser desenvolvido com seus alunos. Acredita-se que seja possível abordar qualquer assunto em qualquer número de aulas; tudo depende da escolha da escala adequada. Essa escolha embarca consigo a prática de ensino e os conteúdos mais adequados, ambos para o desenvolvimento de projeções/projetos de interesses individuais e coletivos e a utilização de processos de significação que façam sentido durante a interação professor-aluno-conteúdo.

Portanto, afirma Machado (2008, p. 56): "a ação de mapear relevâncias constitui uma responsabilidade não delegável e uma competência decisiva na atuação do professor".

Vale lembrar que nas implicações pedagógicas da Zona de Desenvolvimento Proximal, o professor mantém para si a responsabilidade como mediador e guia junto à(s) atividade(s) utilizada(s).

Ao considerar o desenvolvimento humano do aluno em atividade junto à ação de mapear relevâncias, verifica-se a existência do desejo como motivação do aluno em fazer parte do mundo real, enquanto que, para antes das projeções/projetos, há a *utopia realizável* (MACHADO, 2000, p. 13). As ações/objetivos, bem como as operações/etapas da atividade, correlacionam-se com as ações, os indicadores e as metas que compõem a realização das projeções/projetos (MACHADO, 2000, p. 14).

Sugere-se ao professor vincular/conciliar as motivações que o aluno traz para fazer parte do mundo real, às utopias realizáveis das projeções/projetos que compõem o processo de ensino-aprendizagem em que ambos estão envolvidos.

Para navegar com os devidos "esquecimentos coerentes", conjuntamente ao desenvolvimento humano do aluno em atividade e aos percursos tecidos e mediados, considerados nas ações amplificadas ora apresentadas, sugere-se a amplificação da ação de mapear relevâncias em ambientes híbridos do ensino superior.

4.4 Ação: construir narrativas fabulosas

Com atenção à *construção de narrativas fabulosas*, Machado (2008) afirma que a construção do significado é considerada o âmago da questão do ensino, a qual sempre é construída por meio de uma história, de uma narrativa bem arquitetada. Ele complementa:

> [...] o professor eficiente é sempre um bom contador de histórias. Não são quaisquer histórias, mas sim, aquelas que trazem a semente de algum recado e de algum ensinamento. Em outras palavras, as histórias que o professor conta são como fábulas: têm uma *moral*. Trata-se, naturalmente, de uma *moral flexível*, que pode configurar-se de múltiplas formas, *em sintonia com as circunstâncias dos alunos*, mas trata-se, sobretudo, de uma *moral essencialmente tácita*. Não se pode pretender desvelá-la abruptamente, muito menos a priori, quanto mais *tacitamente* for apreendida, mais facilmente impregnará a *rede de significações* dos alunos. É preciso contar uma boa história para lograr semear a moral da história. E, decididamente, não funciona dedicar-se apenas à moral, deixando a história em segundo plano, ou dispensando-a como

> invólucro desnecessário, ou perda de tempo: como seres humanos, nós não funcionamos assim. Não é possível ensinar-se apenas a moral da história, desprezando-se a história. Um bom professor deverá necessariamente ser um bom contador de histórias: preparar uma aula é construir uma narrativa pertinente. Em geral, a *narrativa* funciona como suporte à *construção dos significados envolvidos*, que constituem a verdadeira moral da história. Há casos, inclusive, em que a história efetivamente ocorrida pode ser muito *poluída por elementos fortuitos*, por circunstâncias irrelevantes para a questão em foco; ao professor compete, então, depurar a narrativa, construindo uma fábula que sirva a seus propósitos. (MACHADO, 2008, p. 57.)

Acredita-se que a ação de *construir narrativas fabulosas* possa ser amplificada *em ambientes híbridos do ensino superior*, quando considerada junto à *qualidade do processo de significação*, esta expressa pelo simplismo da necessidade do *outro* estar presente na mesma *ponte lançada* e *contexto/situação* (Seção 3.4). O ambiente híbrido do ensino superior necessita dessa *qualidade* para a ocorrência e a manutenção da personalização e das possibilidades de interação entre professor-aluno-conteúdo. Para tanto, sugere-se o conceito de narrativa que suporta reordenamento de contexto, em adição à citação anterior de Machado, como recurso à prática de ensino, na tentativa de conciliar/articular a linguagem em seu *modo ativo* à elaboração e uso dos *enunciados* e à ocorrência e manutenção do *diálogo*.

Quando do exercício da *enunciação*, sugere-se que o professor *enunciador narre* junto ao desenvolvimento humano do aluno em *atividade*. Dessa forma, acredita-se que a linguagem e os conjuntos de signos utilizados como *ferramentas construam significados* conciliados ao contexto histórico-cultural dos envolvidos em interação.

Quando do exercício do *diálogo*, junto ao exercício das seis premissas *invariantes universais semânticas*, considera-se a *humildade/prosperidade* e o *benefício/respeito mútuo* entre o interlocutor (eu) e o receptor (outro), ao ouvir e ao falar. Nessa oportunidade, o aluno recebe a autonomia para *enun-*

ciar, narrar pontos de vista, valendo-se da *situação* de *significação*/contexto que se faz presente com a possibilidade de acessar e compartilhar sensações e emoções.

Como fora visto na Seção 3.4, a narrativa aqui considerada é arquitetada, porém, suporta reordenamento de contexto sem deixar de ser uma narrativa (GOODMAN, 1981, p. 111). Para compreensão do reordenamento, há necessidade de atentar-se à dimensão tácita do enunciado e do enunciador, em relação ao que aconteceu antes, ou do que acontecerá depois do que é narrado. Acredita-se que cada narrativa construída entre professor-aluno viabilize a correspondência entre cada *elemento simbólico* ao respectivo *elemento significado tacitamente*; assim, sugere-se que o reordenamento pretendido ocorra por meio de uma *narrativa fabulosa alegórica*.

Acredita-se também que, durante o reordenamento, haja espaços para a prática social e cultural, como possibilidade do estabelecimento de *vínculo* e *compartilhamento de experiências* entre professor-aluno; ambos conciliados à compreensão de como constroem seus significados a partir das respectivas vivências em contextos culturais, linguísticos e interpretativos.

Como suporte à *narrativa fabulosa alegórica*, ao *vínculo* e ao *compartilhamento de experiências* entre professor-aluno, chama-se a atenção às dimensões tácitas e explícitas do conhecimento, propostas por Polanyi (apud MACHADO, 2008, p. 34-35).

> **Resumo**
>
> As sugestões de ações docentes amplificadas, obtidas dos pares – *tecer significações* e *mediar relações de significação*; *mapear relevâncias* e *construir narrativas fabulosas* – complementam a releitura do primeiro papel docente: promover espaços de interação e constituir/manter vínculos entre pares e professor-aluno. Elas fazem uso da abordagem pedagógica interacionista e suas respectivas implicações, têm início no diálogo e requerem interações professor-aluno-conteúdo e respectiva dinâmica – nesta, o professor medeia e guia os alunos em centros de interesses personalizados.

Questões para discussão

1) Como iniciar a prática da ação "mediar relações de significação" de forma amplificada?

Um bom início são as considerações da *humildade/prosperidade* e o do *benefício/respeito mútuo* entre professor-aluno. Sugere-se que para mediar novas relações de significação, mantendo a atenção à *situação de significação/contexto* (Seção 4.3) em que ambos se encontram, o professor conheça seus alunos pessoal, acadêmica e profissionalmente já na primeira aula. Há um simples questionário que poderá auxiliar o professor no início dessa tarefa.

Sugere-se que se peça ao aluno:

- um cabeçalho com uma breve identificação pessoal (i.e. nome, idade, logradouro onde reside etc.);
- as motivações como pessoa (i.e. o que ele mais gosta de fazer: estudar, viajar, jogar etc.);
- as expectativas com relação à disciplina e o curso como um todo. Pode-se também perguntar sobre percepções de relações com outras disciplinas; e
- atribuições profissionais e respectivas experiências (i.e. tempo, cargos etc.). Caso ele ainda não tenha essa experiência poderá escrever no que pretende trabalhar.

Se possível, pedir ao aluno que coloque as respostas em três colunas distintas. Em uma coluna as percepções pessoais, na outra as percepções acadêmicas e na última as percepções profissionais, cada uma delas separadas por uma linha vertical.

Logo que as respostas estejam finalizadas, peça a ele que tente estabelecer *caminhos* entre as colunas. Estes mostrarão possíveis centros de interesses e correlações entre a pessoa-aluno, a pessoa-aluno-acadêmico e pessoa-aluno-acadêmico-profissional. O professor poderá mediar relações de significação personalizadas e agrupadas entre os alunos por meio dos centros de interesses obtidos.

Caso queira, repita esse questionário ao final do período letivo. Em muitos momentos poderão perceber evoluções/mudanças nas percepções dos alunos.

2) Como iniciar a prática da ação "mapear relevâncias" de forma amplificada?

Há dois softwares gratuitos que auxiliam o *mapeamento* de *relevâncias* e escolha de *escalas* em ambientes híbridos de ensino: Nestor Web Cartograher[1] e Protégé[2]. O primeiro foi desenvolvido no Centro de Pesquisa Nacional Científica, em Lyon-França por Romain Zeiliger. Como síntese de seu funcionamento, o professor escolhe um tema e constrói no software um primeiro *mapa* de conceitos, com critérios de *escala* e percursos *metacognitivos*, que pretende transmitir.

A *navegação* do aluno no *mapa* é registrada e armazenada, informando os *percursos* cognitivos utilizados. Os dados obtidos podem ser analisados através de relatórios estatísticos. Esse mesmo procedimento é valido para *mapas, escalas* e *percursos* na internet. Chama-se a atenção à usabilidade comum aos softwares com interface para internet, o que facilita a organização/manuseio de endereços eletrônicos significativos (i.e. apagar, mover, relacionar e agrupar).

O Protégé foi desenvolvido pela Universidade de Stanford. Esse software além de ser gratuito, possui o código fonte aberto; isto significa que qualquer pessoa pode colaborar para o desenvolvimento contínuo do mesmo. Ele foi criado para que ontologias viabilizem o compartilhamento e integração de *contextos* em bases de dados on-line na internet. As normas ISO ora citadas (Seção 2.2) trazem recomendações quanto ao uso da terminologia, thesaurus e taxonomia/*folksnomy* junto ao Extensible Markup Language (XML).

Como síntese de seu funcionamento, o professor, ao elaborar uma página a ser acessada na internet, referente às disciplinas que leciona em dois ou mais cursos, pode junto com o aluno, *mapear relevâncias* e *tecer significações* que façam sentido para ambos. Interessante perceber que por meio da ontologia desenvolvida no Protégé, o professor pode compartilhar em *escalas significações similares*, os conteúdos *contextualizados* nos diferentes momentos cognitivos e de aprendizagem de cada aluno.

---

[1] A cópia gratuita do software Nestor Web Cartographer está disponível em: <http://www.gate.cnrs.fr/~zeiliger/nestor/nestor.htm>. Acesso em: 24 nov. 2010.
[2] A cópia gratuita do software Protégé está disponível em: <http://protege.stanford.edu>. Acesso em: 24 nov. 2010.

3) Como iniciar a prática da ação "construir narrativas fabulosas" de forma amplificada?

Certamente a busca pelo cumprimento do programa de uma disciplina é necessária, porém, as unidades, os objetivos e os conteúdos podem ser reordenados de acordo com os conhecimentos prévios e as demandas que os alunos trazem. Ao respeitar e conciliar estes junto ao programa proposto, o professor abre uma oportunidade para que as dimensões tácitas e explícitas do conhecimento do aluno possam ser representadas, consideradas e utilizadas por meio de outras relações significações (i.e. alegoria).

A narrativa do professor é permeada de conteúdos, detalhes, exemplos, vivências, emoções e sentimentos que possibilitam o enredar dos enunciados e dos centros de interesses presentes em sala de aula.

Ao ouvir e propiciar discussões ao aluno com a motivação para que relacione e mostre os conhecimentos já significados e apreendidos em momentos anteriores, a narrativa do professor é amplificada pelos novos processos de significações (Seção 4.5).

CAPÍTULO 5

A capacitação do professor universitário junto às TICs

Introdução

A necessidade constante de capacitação para utilização das TICs teve início na década de 1980, com o desenvolvimento dos computadores pessoais e das redes locais que os conectavam. Já na década de 1990, com o aprimoramento dos sistemas operacionais gráficos e o desenvolvimento da internet, a necessidade de capacitação foi intensificada (MEIRINHOS, 2006).

Atualmente, com a presença das conexões com altas taxas de transmissão de dados, redes e computadores que se conectam à internet sem a necessidade de fio, equipamentos de comunicação móveis com grande poder de processamento (e.g. celulares, computadores de mão etc.) e softwares mais amigáveis para estabelecimento de comunidades virtuais, o professor universitário é quase que diariamente bombardeado por possibilidades de aprimoramento de suas práticas de ensino.

Portanto, fica latente a constante necessidade de capacitação docente com vistas ao desenvolvimento de competências necessárias, para viabilizar a inclusão e utilização das TICs em ambientes híbridos do ensino superior.

5.1 Desenvolvimento de competências do professor

Stensaker et al. (2007) trazem a relevância da competência em TIC para aquisição de uma nova postura frente aos novos desafios educativos. Nesse sentido, as tecnologias aparecem como *meio* às transformações pedagógicas.

Com tal importância atribuída às TICs, houve a necessidade do aprimoramento da formação docente em relação ao desenvolvimento de competências que abordam o domínio das tecnologias, como também a capacidade de utilizá-las em contextos de aprendizagem. Para tanto, Ponte (2000) evidencia a formação técnica e a psicopedagógica.

A formação técnica relaciona-se com o domínio das tecnologias e dos *meios* onde são utilizadas. Dominar a tecnologia é de extrema importância; caso contrário, pode tornar-se o maior obstáculo para a hibridização do ensino e a execução dos trabalhos administrativos, baseados em tecnologias.

Há também a resistência, porque ao incluir as TICs como parte integrante da elaboração de suas práticas de ensino, os professores são colocados para fora da zona de conforto, conquistada e permeada por práticas já consagradas e idiossincráticas. Para alguns, o ato de inclusão das TICs é temporário e se tornará uma prática diária; para outros, pode parecer uma exigência e poderão permanecer resistentes.

Já a segunda formação está relacionada com o desenvolvimento de competências psicopedagógicas, necessárias para a utilização das tecnologias no processo de ensino-aprendizagem. Atribui-se ao professor, junto à formação técnica, os conhecimentos dos usos e implementações das TICs para aprimoramento/acompanhamento da aprendizagem e do desenvolvimento cognitivo do aluno. Interessante perceber que essa formação comunica-se com a abordagem pedagógica interacionista, que está fundamentada na psicologia.

Os trabalhos de Meirinhos (2006), Palloff et al. (2002) e Ponte (2000) trazem exemplos de competências alinhadas às formações ora vistas, que inter-relacionadas e agrupadas, indicam as capacitações necessárias para o aperfeiçoamento contínuo do professor universitário, presente em ambientes híbridos de ensino. São elas: competências de investigação/reflexão, de autoformação e de interação (Figura 5.1).

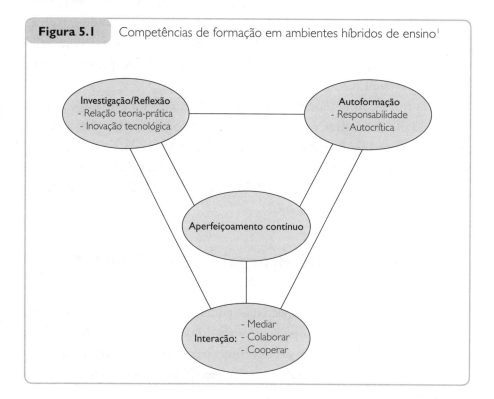

Figura 5.1 Competências de formação em ambientes híbridos de ensino[1]

A competência de investigação/reflexão exige dos professores a condição de crítico e investigador de sua prática profissional, seja ela administrativa ou pedagógica. Acredita-se que o professor, em constante inovação tecnológica, poderá construir relações entre teoria-prática, como partes provedoras do processo de ensino-aprendizagem.

A competência de autoformação exige do professor a capacidade de aprendizado autônomo. A responsabilidade e a autocrítica compõem o

---
1 Esta figura foi idealizada e construída com base em Meirinhos (2006, p. 55).

profissional professor, o qual se encontra frente a desafios pedagógicos inerentes à prática de ensino que faz uso das TICs.

Romper com paradigmas educacionais antigos e iniciar novas possibilidades pedagógicas frente às práticas de ensino permeadas por tecnologias são assuntos presentes nas obras de Assmann (2005), Moore (1993) e Peters (2003). Sem exceção, em todos esses trabalhos a questão da interação faz-se presente e, como síntese, pode-se afirmar que ela é decisiva na relação do professor, como pessoa e profissional, com *todos* os que compõem a gestão universitária.

Portanto, a competência de interação não exige do professor apenas a capacidade de mediar, colaborar e cooperar com *o outro* e com a gestão universitária; exige também a participação ativa no processo de releitura dos papéis docentes, já instaurado no cenário mundial junto à hibridização do ensino superior (LEWIS, 2002; LITTO, 2002; SHALE, 2002; WADDOUPS et al., 2002).

5.2 As funções social, organizacional, pedagógica e técnica

Conciliadas à constante capacitação e identificação de competências relativas ao desenvolvimento pessoal/profissional e à participação ativa no processo de releitura dos papéis docentes, há funções cada vez mais complexas e exigentes que, quando dos seus exercícios, podem sobrecarregar o trabalho docente.

Acredita-se que a não sobrecarga do trabalho docente venha por meio de *diretrizes* e *atribuições* relativas *ao aluno, ao próprio professor e à gestão universitária*. Estas são elaboradas por meio de *reflexões* feitas no âmbito universitário e publicadas nos projetos pedagógico e tecnológico. Mantendo-se as diretrizes e as atribuições seguidas e respeitadas por *todos* os que compõem a comunidade acadêmica, acredita-se que não ocorrerá a sobrecarga vigente.

Em Daele et al. (apud MEIRINHOS, 2006, p. 173-174), há quatro funções que se ajustam à ideia de não sobrecarga desenvolvida anteriormente e encontram eco no Capítulo 5, durante análise dos dados coletados junto aos professores universitários. Essas quatro funções comunicam-se com a abordagem pedagógica interacionista, a interação professor-aluno-conteúdo, as sugestões de práticas de ensino permeadas por tecnologias e as formações e competências necessárias ao professor que faz uso das TICs. São elas:

- Função social: necessária ao professor para criar um *ambiente* de coleguismo com e entre os alunos, para motivar e propiciar a comunicação e atividades conjuntas. Para tanto, existem habilidades necessárias para o exercício dessa função: viabilizar a motivação da confiança, estabelecer a coesão entre pares, negociar consensos e resolver possíveis conflitos.
- Função organizacional: necessária para que a gestão universitária mantenha-se *conciliada* com *todos* os partícipes (i.e. *o aluno, o professor e a própria gestão universitária*) da comunidade acadêmica.
- Função pedagógica: necessária para o desenvolvimento do pensamento crítico sobre a qualidade das práticas de ensino utilizadas, como também para o desenvolvimento de competências de autoaprendizagem docente/discente e independência para trabalhar individualmente ou com grupos de alunos.
- Função técnica: necessária à utilização das TICs enquanto suporte ao processo de ensino-aprendizagem. Ela abrange o domínio da tecnologia, como também visa propiciar ao docente alternativas à promoção de suas práticas de ensino. Torna-se, assim, necessário o apoio docente aos alunos frente às TICs, orientando e sugerindo tecnologias adequadas em determinadas situações de aprendizagem. O apoio docente é primordial para resolver problemas técnicos e de comunicação que os alunos possam apresentar durante os momentos presenciais e virtuais de ensino.

> **Resumo**
>
> A releitura do segundo papel tem início na percepção das possibilidades de aprimoramento das tarefas administrativas e atividades pedagógicas, que as tecnologias da informação e comunicação vislumbram/permitem. Para tanto, o professor coloca-se em aperfeiçoamento contínuo. Neste, o professor se vê se como pessoa, acadêmico e profissional, nos exercícios das competências, formações e funções necessárias para que faça uso das TICs.

Questões para discussão

1) Quais resultados iniciais são possíveis quando do exercício das funções social, organizacional, pedagógica e técnica?
   - Função social: criar a identidade de grupo, necessária à concepção, manutenção e desenvolvimento de uma comunidade.
   - Função organizacional: criar grupos de estudo sobre práticas de ensino permeadas por tecnologias e na disponibilização de equipe de suporte técnico que domine as TICs vigentes, para auxiliar os trabalhos administrativos e pedagógicos junto às propostas e projetos, ambos pedagógicos e tecnológicos.
   - Função pedagógica: propiciar/mediar atividades junto ao desenvolvimento humano do aluno, que o encoraje e estimule a interagir, colaborar e cooperar entre pares e com o professor.
   - Função técnica: possibilitar que o aluno, como sujeito ativo do seu próprio processo de construção do conhecimento, seja autônomo em momentos virtuais de ensino – autonomia esta para escolher prioridades e estratégias de aprendizagem (e.g. horários de estudo), decidir sobre informações pertinentes, fazer autoanálises das suas ações e ter consciência do seu ritmo de aprendizagem e dificuldades. Lembra-se, junto à autonomia sugerida, que o professor se mantém responsável como mediador e guia do aluno.

2) Quais seriam os aspectos necessários aos professor que faz uso das TICs?
   Em Majó et al. (2002, p. 325-326), há alguns aspectos necessários ao professor que faz uso das TICs. Nestes podem ser percebidas as práticas das for-

mações técnica e psicopedagógica, bem como as competências ora escritas. São elas:
- utilizar as TICs em atividades que exigem o uso de equipamentos e de softwares de uso geral;
- conhecer a aplicação das TICs na educação;
- conhecer a utilização das TICs na área específica do conhecimento pretendido;
- conhecer bons materiais didáticos e pedagógicos disponíveis, que estejam de acordo com os interesses dos alunos e relacionados com o ensino da área pretendida;
- conhecer informações e outros serviços oferecidos pelos portais educacionais na internet, especialmente os de gestão educacional;
- conhecer o funcionamento e serviços prestados pela intranet ou "Campus Virtual" da universidade em que trabalha;
- elaborar e utilizar o currículo como meio de integração das TICs, parte das *atividades* dentro da sua área de especialização, instrumento de ensino e mediador para o desenvolvimento cognitivo;
- aplicar as TICs como ferramentas à inovação tecnológica do ensino: criar websites relacionados aos temas de estudo, organizar tutoria/ensino virtual com seus alunos, utilizar recursos da internet nas aulas, propor *atividades* aos alunos; e
- avaliar a utilização das TICs no contexto em si, ou seja, junto aos trabalhos administrativos e ao desenvolvimento cognitivo do aluno.

3) **Qual seria um possível início para a prática das competências investigação/reflexão, de autoformação e de interação?**

Um possível início seria o desenvolvimento de um programa de capacitação docente, com ênfase em práticas didáticas. Segue abaixo uma sugestão/exemplo desse programa.

Em um determinado curso da universidade X tem ocorrido um constante número de alunos retidos nas disciplinas A1 e A2. Por estas pertencerem aos dois semestres iniciais do curso de Y, as retenções não permitem as progressões dos alunos aos semestres seguintes, como também potencializam o número de desistências. Com essa percepção, a coordenação do presente curso propõe-se a reflexões e ações didáticas para investigar e propiciar práticas de ensino que auxiliem no processo de aprendizagem e para que diminua o número de alunos retidos/cancelamentos.

Os objetivos principais são:
- refletir sobre a aprendizagem dos alunos junto aos professores;
- melhorar a aprendizagem dos alunos, especificamente os do 1º e 2º ciclos do curso de Y.

Os objetivos específicos são:
- analisar junto às respectivas disciplinas os objetivos gerais, as unidades, os objetivos das unidades e os conteúdos;
- acompanhar o docente em sua prática didática e auxiliar/prover/sugerir alternativas para o respectivo aperfeiçoamento contínuo;
- avaliar por meio de questionário os métodos de ensino de cada disciplina e refletir com os respectivos docentes e discentes os aspectos de melhoria contínua.

Como possível metodologia, em um primeiro momento, procura-se estabelecer um ambiente de diálogo com os docentes. Neste, motivam-se debates sobre as práticas de ensino utilizadas junto aos objetivos e conteúdos lecionados. Sugere-se que sejam feitas análises dos objetivos e conteúdos junto à taxonomia de Bloom – cognitivo, afetivo e psicomotor (GIL, 2006).

Em um segundo momento, realiza-se uma consulta aos métodos de ensino empregados. Esta consulta é feita aos professores e alunos por meio de questionários. As informações obtidas nessas consultas comporão os debates; essas, qualitativas e quantitativas, auxiliam na mediação e diálogo – com docentes e discentes – sobre as respectivas práticas de ensino.

Os questionários são feitos conjuntamente entre professores e respectiva coordenação, visando a percepção e prática das competências em questão. Assim, as expectativas de todos poderão ser atingidas, por exemplo, a definição de indicadores de qualidade que auxiliem o cumprimento dos objetivos propostos.

Durante os debates são sugeridas ações personalizadas/individualizadas a cada docente, este imerso em seu contexto e ambiente de ensino-aprendizagem.

Em um terceiro momento, após a prática das sugestões das ações docentes, ocorre uma nova consulta aos métodos de ensino empregados. Pretende-se constatar a ocorrência ou não – junto ao docente e discente – do aperfeiçoamento das práticas didáticas, como também a melhora ou não da aprendizagem dos alunos.

Segue uma sugestão de atividades deste programa.

Atividade	Descrição
1.0 – Análise das disciplinas	Analisar: objetivos gerais, unidades, objetivos das unidades e conteúdos.
2.0 – Avaliar métodos de ensino	2.1 – Avaliar por meio de questionário os métodos de ensino de cada disciplina, e refletir com os respectivos docentes os aspectos de melhoria contínua. 2.2 – Auxiliar, prover e sugerir alternativas para o desenvolvimento do aperfeiçoamento contínuo.
3.0 – Acompanhar o docente em sua prática profissional	Acompanhar por meio de reuniões a ação/prática do item 2.2. Acompanhar o docente em sala de aula.
4.0 – Avaliar métodos de ensino	Constatar a ocorrência, ou não, do aperfeiçoamento das práticas didáticas empregadas; como também a melhora ou não da aprendizagem dos alunos.
5.0 – Elaborar relatórios	Concatenar os conhecimentos obtidos e escrever relatórios à coordenação.

CAPÍTULO 6

Pesquisa realizada com professores universitários: reflexões sobre a utilização e a viabilização das TICs

Introdução

Contar com uma gestão universitária atuante, que apoia as práticas das diretrizes (e.g. identidade, missão e valores) e projetos institucionais, pedagógicos e tecnológicos, é condição *sine qua non* para que o professor se envolva e auxilie a instituição no processo de hibridização do ensino.

A pertinência desse envolvimento está na desmistificação de que a tecnologia, por ela somente, viabiliza as releituras dos papéis do professor universitário e contribui para o aperfeiçoamento da educação superior.

As constatações acima foram obtidas por meio de pesquisa[1] realizada com professores universitários. Aqui, há *recortes* desta, com intuito de iniciar reflexões sobre a utilização e a viabilização das tecnologias da informação e comunicação nas instituições de ensino superior.

A pesquisa teve abordagens qualitativa e quantitativa, com os objetivos exploratório e descritivo. Com relação ao público-alvo, foram consideradas/analisadas as seguintes informações: formação, tempo de docência, cursos em que os professores lecionam e conhecimentos relativos às TICs.

---

1 A pesquisa na íntegra, com o devido rigor metodológico e acadêmico, pode ser vista em Silva (2009). Ela foi uma etapa da tese de doutoramento definida pelo autor em agosto/2009, na Faculdade de Educação da Universidade de São Paulo, com área de concentração em Linguagem e Educação.

> O questionário[2] aplicado é constituído por três temas de estudo e análise: i) O professor e as TICs; ii) O professor, o aluno e as TICs; iii) A gestão universitária e as TICs.

6.1 Descrição do público-alvo

O público-alvo é composto por professores de um centro universitário localizado na região do grande ABCD paulista. A relevância do público escolhido reside no fato de que os docentes vivenciam a utilização das TICs em suas práticas de ensino.

Vinte e dois professores responderam perguntas sobre identificação pessoal, identificação acadêmica, tempo de trabalho docente, tempo que utilizam as TICs junto às práticas pedagógicas e nível de conhecimento em relação às tecnologias. Veja a seguir os gráficos que descrevem as respostas obtidas neste primeiro momento da coleta de dados.

Os professores informaram a formação acadêmica nas seguintes áreas do conhecimento: ciência da computação, engenharias (elétrica, de materiais, mecânica e química), física, matemática química e sociologia. A porcentagem por área é vista no Gráfico 6.1, a seguir.

Os próximos três gráficos trazem as especializações (Gráfico 6.2), mestrados (Gráfico 6.3) e doutorados (Gráfico 6.4), informados pelos professores, com as respectivas áreas de concentração.

Quanto à especialização, 45% dos professores a possuem. Veja as áreas de concentração por porcentagem.

Quanto ao mestrado, 95% dos professores o possuem. Veja as áreas de concentração por porcentagem.

Quanto ao doutorado, 55% dos professores o possuem. Veja as áreas de concentração por porcentagem.

---

[2] A ideia inicial do formato do questionário, bem como o método de análise das respostas de múltipla escolha, são adaptações de procedimentos similares feitos em Marconi et al. (2002) e Sartori (2005).

Pesquisa realizada com professores universitários: reflexões... 77

Gráfico 6.1 Áreas de formação acadêmica dos professores

Gráfico 6.2 Áreas de especialização dos professores

Gráfico 6.3 Áreas de mestrado dos professores

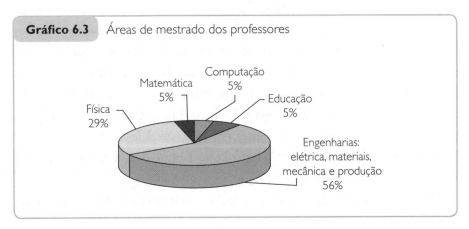

Gráfico 6.4 Áreas de doutorado dos professores

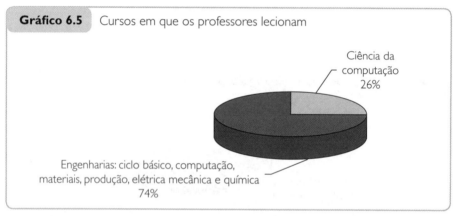

Gráfico 6.5 Cursos em que os professores lecionam

Veja no Gráfico 6.5 o nome do curso em que lecionam e a porcentagem de professores em cada um deles.

Os níveis de utilização das TICs pelos professores são descritos na Tabela 6.1. Nessa tabela há letras de identificação de cada nível junto a uma numeração crescente até o nível f. Essa numeração servirá para a identificação dos níveis nos gráficos 6.7 e 6.8. Quanto aos níveis de utilização de tecnologias pelos professores, veja o Gráfico 6.6, que informa o nível e a porcentagem de professores presentes em cada um deles.

Quanto ao tempo de docência (anos) e ao Tempo de docência utilizando as TICs (anos), veja o Gráfico 6.7.

Quanto ao tempo de docência (anos) em relação ao nível de utilização das TICs, veja o Gráfico 6.8.

Tabela 6.1 Descrição dos níveis de utilização das TICs pelos professores

Níveis de utilização	Descrição dos níveis
a) (1) Nenhuma	Não utiliza as TICs.
b) (2) Muita pouca	Computadores e *datashow* para apresentação de *slides* PowerPoint.
c) (3) Pouca	b) + Softwares de Apresentação de Conteúdo (e.g., vídeo, imagem, som, voz e dados): *MediaPlayer, PowerPoint, RealPlayer, SmartBoard* etc.
d) (4) Média	b) + c) + *ambiente virtual de aprendizagem*: *Aulanet, BlackBoard, Learnloop, Moodle* etc.
e) (5) Alta	b) + c) + d) + *interação eletrônica*: *blogs, chats, e-mails, fóruns, Messenger, Nestor Web Cartographer, Protégé, Wikis* etc.
f) (6) Muito Alta	b) + c) + d) + e) + *simuladores*: *ithink, Stella, Vensim* etc.

Gráfico 6.6 Nível de utilização das tecnologias pelos professores

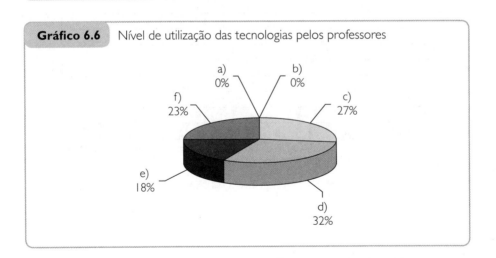

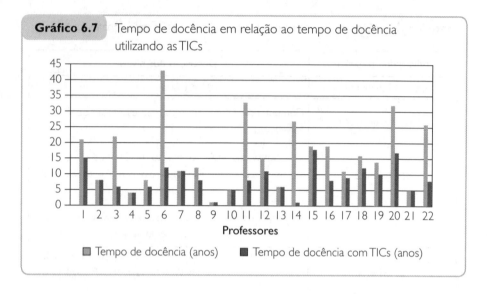

Gráfico 6.7 Tempo de docência em relação ao tempo de docência utilizando as TICs

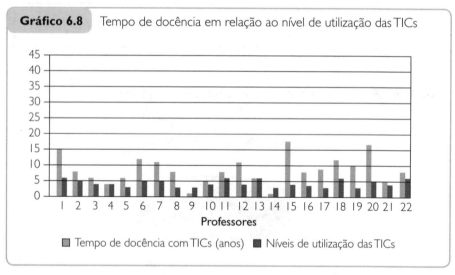

Gráfico 6.8 Tempo de docência em relação ao nível de utilização das TICs

6.2 Análise dos dados

Neste momento são apresentadas as perguntas e respostas correspondentes aos três temas de estudo e análise (Seção 6.1). Com o intuito de facilitar a exposição dos dados, apenas são expostas as tabelas relativas à primeira e segunda respostas, ambas mais escolhidas em negrito. Há análises e comentários para todos os dados obtidos, em que há remissões aos capítulos e seções anteriores com o intuito de pontuar os fundamentos teóricos relacionados com as respectivas perguntas. Há também perguntas dissertativas, que tiveram as respostas sintetizadas e apresentadas junto ao respectivo tema.

A leitura das tabelas consiste na utilização das letras que indicam as respostas e suas respectivas porcentagens. A primeira tabela apresenta as porcentagens da primeira resposta mais escolhida; o mesmo ocorre com a segunda tabela e a segunda resposta mais escolhida.

6.2.1 Primeiro tema: o professor e as TICs

Neste tema procurou-se conhecer a capacitação do professor universitário junto às TICs (Capítulo 5). Seguem as quatro perguntas e respectivas respostas que compõem este tema.

1ª pergunta: Quais as características mais importantes do professor que faz uso das TICs?
  a. **Compreender o papel das TICs como apoio às aulas presenciais.**
  b. Ter formação tecnológica adequada para utilização das TICs.
  c. Favorecer a expressão do aluno, questioná-lo e orientá-lo no seu processo de construção do conhecimento.
  d. **Ter visão ampla e abrir caminhos para novas práticas de ensino.**
  e. Outro. Especifique.

Tabela 6.2 Resposta mais indicada à primeira pergunta como primeira opção

1ª pergunta – 1ª opção	a)	b)	c)	d)	e)
Porcentagens obtidas	**44%**	9%	13%	30%	4%

Tabela 6.3 — Resposta mais indicada à primeira pergunta como segunda opção

I ª pergunta – 2ª opção	a)	b)	c)	d)	e)
Porcentagens obtidas	29%	10%	29%	32%	0%

Em relação à primeira pergunta, foram evidenciadas como características mais importantes do professor que faz uso das TICs: *compreender o papel das TICs como apoio às aulas presenciais* (44%) e *ter visão ampla e abrir caminhos para novas práticas de ensino* (32%). Interessante perceber que os professores mostraram menor interesse pela característica *ter formação tecnológica adequada para utilização das TICs*, resposta que alcançou 9% e 10%, presentes na primeira e segunda tabelas, respectivamente. Acredita-se que esse menor interesse tenha ocorrido porque as duas características consideradas mais importantes apresentam necessidades pedagógicas precedentes à formação tecnológica.

Interessante perceber também que a característica *favorecer a expressão do aluno, questioná-lo e orientá-lo no seu processo de construção do conhecimento*, obteve a mesma porcentagem (29%) que a primeira característica mais escolhida, durante análise da segunda tabela. Acredita-se que a igualdade das porcentagens indique que, ao *compreender o papel das TICs como apoio às aulas presenciais*, o professor encontrará *meios para viabilizar a expressão do aluno durante o processo de ensino-aprendizagem*.

Há uma resposta à opção *Outro. Especifique* indicada na primeira tabela. Ela traz como característica do professor que faz uso das TICs *possibilitar o aumento e o enriquecimento do conteúdo das disciplinas*. Essa característica corrobora às que receberam maior porcentagem de escolha como primeira e segunda opções.

Como análise final à primeira pergunta, pode-se afirmar que os professores optaram por características que possuem *maior interesse pedagógico* em relação à necessidade de formação tecnológica adequada para utilização das TICs (Seção 5.3).

2ª pergunta: Como você situa a combinação entre ambientes presenciais e virtuais do ensino superior (i.e. hibridização do ensino)?
   a. Modalidade que exige novas práticas de ensino.
   b. Possibilidade de empresários ganharem dinheiro com educação superior.
   c. **Aperfeiçoamento do ensino presencial.**
   d. Alternativa à educação presencial.
   e. Outro. Especifique.

Tabela 6.4 Resposta mais indicada à segunda pergunta como primeira opção

2ª pergunta – 1ª opção	a)	b)	c)	d)	e)
Porcentagens obtidas	27%	5%	**68%**	0%	0%

Tabela 6.5 Resposta mais indicada à segunda pergunta como segunda opção

2ª pergunta – 2ª opção	a)	b)	c)	d)	e)
Porcentagens obtidas	**41%**	9%	18%	32%	0%

Na segunda pergunta, os professores situaram a hibridização do ensino superior como *aperfeiçoamento do ensino presencial* (68%) e *modalidade que exige novas práticas de ensino* (41%).

Pode-se observar que os professores situaram pouco valor à *possibilidade de empresários ganharem dinheiro com educação superior*. Essa resposta alcançou 5% e 9%, presente na primeira e segunda tabelas, respectivamente.

Interessante perceber que os professores situaram a hibridização do ensino superior como *alternativa à educação presencial* somente na segunda tabela, com 32% de escolha. Acredita-se que este posicionamento tenha ocorrido porque os professores já incorporaram as TICs em suas práticas de ensino (Seção 6.2).

Como análise final à segunda pergunta, pode-se afirmar que os professores situaram/sinalizaram que, para a prática da hibridização do ensino superior, há a necessidade de *aperfeiçoamento do ensino presencial por meio de novas práticas de ensino*.

3ª pergunta: Considerando a combinação entre ambientes presenciais e virtuais do ensino superior, em que é necessário maior controle?
   a. Cumprimento dos prazos de entrega das atividades.
   b. Quantidade das interações eletrônicas (e.g. blogs, fóruns, wikis etc.).
   c. Percurso da navegação nos ambientes virtuais de ensino.
   d. Qualidade das interações eletrônicas (e.g. blogs, fóruns, wikis etc.).
   e. **Qualidade das atividades realizadas.**
   f. Outro. Especifique.

Tabela 6.6 Resposta mais indicada à terceira pergunta como primeira opção

3ª pergunta – 1ª opção	a)	b)	c)	d)	e)	f)
Porcentagens obtidas	32%	0%	8%	16%	**40%**	4%

Tabela 6.7 Resposta mais indicada à terceira pergunta como segunda opção

3ª pergunta – 2ª opção	a)	b)	c)	d)	e)	f)
Porcentagens obtidas	**35%**	0%	10%	20%	**35%**	0%

Em relação à terceira pergunta, considerando a hibridização do ensino superior, os professores indicaram que é necessário maior controle na *qualidade das atividades realizadas* (40%) e no *cumprimento dos prazos de entrega das atividades* (35%). Percebe-se que ambas as respostas empataram em 35%, como segunda opção mais escolhida.

Há uma resposta à opção *Outro. Especifique*, indicada na primeira tabela. Ela traz a preocupação com o *plágio na elaboração de trabalhos acadêmicos* que vai ao encontro da resposta mais escolhida como primeira opção.

Como análise final à terceira pergunta, pode-se afirmar que os professores informaram que as *necessidades por maior controle*, quando considerados os ambientes híbridos do ensino superior, demandam *rigor/regras* por parte do docente e *maturidade acadêmica/pessoal* por parte do aluno (seções 2.3; 3.3).

4ª pergunta: O que a interação professor-aluno viabiliza?
  a. Relação dialógica entre professor-aluno.
  b. Porta de entrada para colaboração e cooperação entre alunos e professor-
  -aluno.
  c. Contato com o professor.
  d. Possibilidade de optar entre práticas de ensino.
  e. Outro. Especifique.

Tabela 6.8 Resposta mais indicada à quarta pergunta como primeira opção

4ª pergunta – 1ª opção	a)	b)	c)	d)	e)
Porcentagens obtidas	55%	36%	9%	0%	0%

Tabela 6.9 Resposta mais indicada à quarta pergunta como segunda opção

4ª pergunta – 2ª opção	a)	b)	c)	d)	e)
Porcentagens obtidas	33%	**39%**	28%	0%	0%

Em resposta à quarta pergunta, a interação professor-aluno viabiliza a *relação dialógica entre professor-aluno* (55%) e a *porta de entrada para colaboração e cooperação entre alunos e professor-aluno* (39%). Interessante perceber que a resposta *contato com o professor* alcançou 9% e 28%, presente na primeira e segunda tabelas, respectivamente.

Como análise final à quarta pergunta, pode-se afirmar que os professores optaram por respostas que caracterizam a necessidade de *constituição de vínculo entre alunos e professor-aluno*, durante a interação (seções 3.4; 5.2).

6.2.2 Segundo tema: o professor, o aluno e as TICs

Neste tema procurou-se conhecer a opinião do professor sobre a interação professor-aluno-conteúdo, suportada pelas TICs (Capítulo 3). Seguem as quatro perguntas e respectivas respostas que compõem este tema.

5ª pergunta: Quais são os aspectos mais importantes quando há combinação entre ambientes presenciais e virtuais do ensino superior?
   a. Permitir a interação professor-aluno-conteúdo.
   b. Viabilizar a existência do diálogo, a construção de uma linguagem comum, entre professor-aluno.
   c. Flexibilizar a interação entre alunos.
   d. Permitir a criação e a manutenção de vínculo entre professor-aluno.
   e. Outro. Especifique.

Tabela 6.10 Resposta mais indicada à quinta pergunta como primeira opção

5ª pergunta – 1ª opção	a)	b)	c)	d)	e)
Porcentagens obtidas	59%	18%	18%	5%	0%

Tabela 6.11 Resposta mais indicada à quinta pergunta como segunda opção

5ª pergunta – 2ª opção	a)	b)	c)	d)	e)
Porcentagens obtidas	20%	20%	40%	15%	5%

As respostas à quinta pergunta *permitir a interação professor-aluno- -conteúdo* (59%) e *flexibilizar a interação entre alunos* (40%) foram os aspectos considerados mais importantes quando há hibridização do ensino superior.

Há duas respostas à opção *Outro. Especifique*, indicadas na segunda tabela, as quais informaram que *agilizar a quantidade de tópicos a serem apresentados* e *aumentar as oportunidades de contato do aluno com o curso* são aspectos também importantes a serem considerados. Essas respostas complementam-se à primeira opção mais escolhida.

Interessante perceber que os professores optaram primeiro por respostas que trazem a *interação* como característica precedente à ocorrência do *diálogo* e do *vínculo*, fato este comprovado quando relembrada a quarta pergunta e respectivas respostas.

Como análise final à quinta pergunta, pode-se afirmar que, para os professores, a *interação*, seja ela entre alunos ou professor-aluno-conteúdo, é aspecto primordial quando há hibridização do ensino superior (seções 3.3; 5.2).

6ª pergunta: Qual perfil é desejável para o aluno presente em cursos que combinam ambientes presenciais e virtuais de ensino?
   a. Demonstrar disciplina e autonomia.
   b. **Possuir capacidade de gerenciar seus próprios estudos.**
   c. Participar ativamente das atividades nos ambientes virtuais de ensino.
   d. Entregar atividades conforme cronograma do curso.
   e. Outro. Especifique.

Tabela 6.12 Resposta mais indicada à sexta pergunta como primeira opção

6ª pergunta – 1ª opção	a)	b)	c)	d)	e)
Porcentagens obtidas	39%	**44%**	17%	0%	0%

Tabela 6.13 Resposta mais indicada à sexta pergunta como segunda opção

6ª pergunta – 2ª opção	a)	b)	c)	d)	e)
Porcentagens obtidas	30%	45%	15%	10%	0%

A sexta pergunta mostra que o perfil desejável para o aluno presente em cursos híbridos do ensino superior é o de *possuir capacidade de gerenciar seus próprios estudos*. Essa resposta alcançou 44% e 45%, presente na primeira e segunda tabelas, respectivamente. Interessante perceber que os professores preferiram uma resposta que concatena as outras opções, como: *demonstrar disciplina e autonomia* (39%, 30%); *participar ativamente das atividades nos ambientes virtuais de ensino* (17%, 15%) e *entregar atividades conforme cronograma do curso* (0%, 10%).

Como análise final à sexta pergunta, pode-se afirmar que os professores optaram por um perfil de aluno caracterizado pela *gerência e autonomia de seus próprios estudos* (Seção 5.3).

7ª pergunta: Quais são as habilidades adquiridas por alunos formados em cursos que combinam ambientes presenciais e virtuais de ensino?
    a. Disciplina e responsabilidade junto aos colegas.
    b. Iniciativa para encontrar soluções de problemas.
    c. **Domínio das tecnologias da informação e comunicação.**
    d. Maior habilidade de expressar o que pensa e conhece.
    e. Outro. Especifique.

Tabela 6.14 Resposta mais indicada à sétima pergunta como primeira opção

7ª pergunta – 1ª opção	a)	b)	c)	d)	e)
Porcentagens obtidas	17%	30%	**40%**	9%	4%

| Tabela 6.15 | Resposta mais indicada à sétima pergunta como segunda opção |

7ª pergunta – 2ª opção	a)	b)	c)	d)	e)
Porcentagens obtidas	20%	30%	10%	**40%**	0%

Em resposta à sétima pergunta, as habilidades adquiridas por alunos formados em cursos híbridos do ensino superior são *domínio das tecnologias da informação e comunicação* (40%) e *maior habilidade de expressar o que pensa e conhece* (40%).

Há uma resposta à opção: *Outro. Especifique* indicada na primeira tabela, que alerta à habilidade adquirida: *comodismo e falta de iniciativa para procurar novas fontes de conhecimentos*. Acredita-se que essa resposta possa ser fundamentada junto às seções 2.3 e 4.4. Respectivamente, as implicações pedagógicas da teoria histórico-cultural da atividade e as ações de mapear relevâncias e construir narrativas fabulosas oferecem ao docente todo um arcabouço teórico para *interagir, motivar, mediar, guiar e mapear com o aluno* possibilidades de conteúdos relevantes às disciplinas e ao contexto sociocultural em que ele é inserido. Acredita-se que a prática da fundamentação teórica ora citada possibilitará ao professor práticas de ensino que *diminuam/evitem* a ocorrência da resposta especificada.

Interessante perceber que a opção de resposta *iniciativa para encontrar soluções de problemas* alcançou 30% na primeira e na segunda tabelas.

Como análise final à sétima pergunta, pode-se afirmar que os professores indicaram duas habilidades anteriores – *domínio das TICs e expressão do que pensa e conhece* – para que uma terceira – *iniciativa para encontrar soluções de problemas* – seja adquirida por alunos formados em cursos superiores com ambientes híbridos de ensino.

8ª pergunta: Por que a participação do aluno em atividades coletivas é importante?
    a. Contribui para a melhoria da qualidade do curso.
    b. Ajuda o professor no controle da participação.

c. Desenvolve no aluno a ideia de pertencer a uma comunidade.
d. Ajuda o professor na mediação do processo de ensino-aprendizagem.
e. Outro. Especifique.

Tabela 6.16 Resposta mais indicada à oitava pergunta como primeira opção

8ª pergunta – 1ª opção	a)	b)	c)	d)	e)
Porcentagens obtidas	30%	9%	52%	9%	0%

Tabela 6.17 Resposta mais indicada à oitava pergunta como segunda opção

8ª pergunta – 2ª opção	a)	b)	c)	d)	e)
Porcentagens obtidas	30%	15%	15%	40%	0%

Como resposta à oitava pergunta, a participação do aluno em atividades coletivas é importante porque *desenvolve no aluno a ideia de pertencer a uma comunidade* (52%) e *ajuda o professor na mediação do processo de ensino--aprendizagem* (40%). Percebe-se que os professores também dedicaram grande atenção à resposta *contribui para a melhoria da qualidade do curso*; que obteve 30% na primeira e na segunda tabelas.

Como análise final à oitava pergunta, pode-se afirmar que os professores mostraram que, ao participar de atividades coletivas, o aluno *desenvolve a ideia de pertencer a uma comunidade,* ideia esta primária e necessária para que as *atividades desejadas,* presenciais e virtuais, ocorram (seções 3.3-3.4). Uma vez desenvolvida e mantida a comunidade entre alunos e professor-aluno, há espaço para que os alunos ajudem o *professor na mediação do processo de ensino-aprendizagem*; esta ajuda veio pela delegação da mediação por meio dos pares como mediadores da aprendizagem (seções: 2.3; 5.2-5.3).

6.2.3 Terceiro tema: a gestão universitária e as TICs

Neste tema procurou-se compreender a visão do professor sobre os usos das TICs em relação à gestão universitária. Logo após as quatro perguntas iniciais e respectivas tabelas, análises e comentários, há quatro perguntas dissertativas e as sínteses das respostas.

9ª pergunta: A que se deve a expansão do uso das TICs em momentos presenciais de ensino?
  a. Às mudanças culturais em nossa sociedade.
  b. Ao desenvolvimento tecnológico no campo da informação e da comunicação.
  c. À crescente mercantilização da educação.
  d. Ao desenvolvimento do pensamento pedagógico que reconheceu as qualidades das TICs.
  e. Outro. Especifique.

Tabela 6.18 Resposta mais indicada à nona pergunta como primeira opção

9ª pergunta – 1ª opção	a)	b)	c)	d)	e)
Porcentagens obtidas	22%	**66%**	4%	4%	4%

Tabela 6.19 Resposta mais indicada à nona pergunta como segunda opção

9ª pergunta – 2ª opção	a)	b)	c)	d)	e)
Porcentagens obtidas	26%	16%	11%	**42%**	5%

Em resposta à nona pergunta, a expansão do uso das TICs em momentos presenciais de ensino, deve-se *ao desenvolvimento tecnológico no campo da informação e da comunicação* (66%) e *ao desenvolvimento do pensamento pedagógico que reconheceu as qualidades das TICs* (42%).

Há duas respostas à opção *Outro. Especifique*: a primeira, presente na primeira tabela, indica que a expansão do uso das TICs é decorrente da *necessidade de lecionar mais conteúdos em menos tempo*; já a segunda resposta, indicada na segunda tabela, refere-se ao *modismo* como possível causa da expansão do uso das TICs.

Certamente, devido à grande disponibilidade de conteúdos acessíveis por meio das redes de computadores e TICs, o professor pode se ver *condicionado* a *lecionar mais conteúdos em menos tempo* e *refém de modismos tecnológicos*. Acredita-se que esses *comportamentos* sejam vistos como *sobrecarga* do trabalho docente. Para evitar essa sobrecarga, há quatro funções que auxiliam na elaboração de *diretrizes* e *atribuições* relativas *ao aluno, ao próprio professor e à gestão universitária* (Seção 5.3).

Como análise final à nona pergunta, os professores mostraram que o *desenvolvimento das TICs alavanca/motiva o pensamento pedagógico para que os momentos presenciais de ensino obtenham expansão tecnológica*. Logo após, os professores mostraram também que há uma *lacuna* entre o que ocorre culturalmente na sociedade e a sala de aula universitária. Essa constatação foi obtida com base na resposta *às mudanças culturais em nossa sociedade*, ter alcançado 22% e 29%, presente na primeira e segunda tabelas, respectivamente.

Acredita-se que com a prática da abordagem interacionista (seções 2.1--2.2), essa *lacuna* diminuirá, propiciando assim, que *as mudanças culturais em nossa sociedade* sejam cada vez mais consideradas no ambiente/*contexto histórico-cultural* universitário.

10ª pergunta: Quais são as funções das TICs quando há combinação entre ambientes presenciais e virtuais do ensino superior?
    a. Facilitar a existência da interação professor-aluno-conteúdo.
    b. Permitir que a aula presencial tenha continuidade nos ambientes virtuais de aprendizagem.
    c. Facilitar a aprendizagem mais adequada para adultos.

d. Transmitir conteúdos mais rapidamente.
e. Outro. Especifique.

Tabela 6.20 Resposta mais indicada à décima pergunta como primeira opção

10ª pergunta – 1ª opção	a)	b)	c)	d)	e)
Porcentagens obtidas	17%	70%	0%	13%	0%

Tabela 6.21 Resposta mais indicada à décima pergunta como segunda opção

10ª pergunta – 2ª opção	a)	b)	c)	d)	e)
Porcentagens obtidas	55%	15%	10%	20%	0%

Em relação à décima pergunta, são funções das TICs quando há hibridização do ensino superior: *permitir que a aula presencial tenha continuidade nos ambientes virtuais de aprendizagem* (70%) e *facilitar a existência da interação professor-aluno-conteúdo* (55%).

As funções das TICs menos escolhida – *transmitir conteúdos mais rapidamente* –, que obteve 13% e 20%, presente na primeira e segunda tabelas, respectivamente, e *facilitar a aprendizagem mais adequada para adultos* (0%, 10%) mostram que os professores optaram primordialmente por *garantir/permitir que a continuidade da aula presencial ocorra nos AVA* e que, por consequência, haja a *interação professor-aluno-conteúdo*.

Como análise final à décima pergunta, para viabilizar as funções das TICs mais escolhidas pelos professores, sugerem-se as ações docentes amplificadas (Capítulo 4). Acredita-se que com o uso delas, o professor *constrói* e *medeia significados* que são *mapeados* juntos aos alunos, os quais por meio de uma *narrativa que concilia* professor-aluno, viabilizam a *continuidade da aula presencial nos AVA* e *facilita a interação professor-aluno-conteúdo*.

11ª pergunta: Em relação às mídias, a tendência das TICs junto ao ensino superior será...
   a. Usar todas as mídias de forma integrada.
   b. Abandonar a mídia impressa e se tornar totalmente on-line.
   c. Continuar, de acordo com o público-alvo, com o material impresso como suporte didático básico.
   d. Utilizar prioritariamente os ambientes virtuais de aprendizagem para armazenamento e entrega de conteúdos.
   e. Outro. Especifique.

Tabela 6.22 Resposta mais indicada à décima primeira pergunta como primeira opção

11ª pergunta – 1ª opção	a)	b)	c)	d)	e)
Porcentagens obtidas	46%	0%	18%	36%	0%

Tabela 6.23 Resposta mais indicada à décima primeira pergunta como segunda opção

11ª pergunta – 2ª opção	a)	b)	c)	d)	e)
Porcentagens obtidas	20%	5%	45%	30%	0%

Quanto às mídias, a décima primeira pergunta mostra que as tendências das TICs junto ao ensino superior serão *usar todas as mídias de forma integrada* (46%) e *continuar, de acordo com o público-alvo, com o material impresso como suporte didático básico* (45%).

Por meio da resposta *utilizar prioritariamente os ambientes virtuais de aprendizagem para armazenamento e entrega de conteúdos*, que obteve 36% e 30%, presente na primeira e segunda tabelas, respectivamente, os professores mostraram que os AVA podem ficar subutilizados, quando consideradas as oportunidades de interação professor-aluno-conteúdo (Seção 3.3).

Os professores mostraram também, por meio da resposta *abandonar a mídia impressa e se tornar totalmente on-line*, que alcançou 0% e 5%, presente na primeira e segunda tabelas, respectivamente, que há nenhuma ou pouca possibilidade de que as TICs substituam totalmente o papel, durante o processo de ensino-aprendizagem.

Como análise final à décima primeira pergunta, os professores escolheram respostas que vão ao encontro do momento de *integração/convergência* que atualmente existe entre as TICs (Seção 5.1). Eles trouxeram a preocupação de adequar os usos das tecnologias junto ao material impresso, tendo como referência o aluno (público-alvo), para adequar a *intensidade/equilíbrio* entre conteúdos passíveis de serem *compartilhados/aprendidos por meio das TICs* e, conteúdos que necessitam de *interação presencial*.

12ª Pergunta: Por que a participação do aluno no ambiente virtual de aprendizagem é importante?
 a. Favorece a ocorrência do processo de ensino-aprendizagem.
 b. Desenvolve a capacidade de colaborar e cooperar entre pares e com o professor.
 c. Faz com que o aluno se sinta coautor da produção acadêmica na comunidade de que participa.
 d. Desenvolve a responsabilidade junto ao professor e com os pares.
 e. Outro. Especifique.

Tabela 6.24 Resposta mais indicada à décima segunda pergunta como primeira opção

12ª pergunta – 1ª opção	a)	b)	c)	d)	e)
Porcentagens obtidas	38%	33%	10%	19%	0%

Tabela 6.25 Resposta mais indicada à décima segunda pergunta como segunda opção

12ª pergunta – 2ª opção	a)	b)	c)	d)	e)
Porcentagens obtidas	18%	27%	23%	32%	0%

A décima segunda pergunta informa que a participação do aluno no ambiente virtual de aprendizagem é importante porque *favorece a ocorrência do processo de ensino-aprendizagem* (38%) e *desenvolve a responsabilidade junto ao professor e com os pares* (32%). Interessante perceber que os professores optaram primeiro por respostas que apresentam características *necessárias e anteriores* às outras respostas: *desenvolve a capacidade de colaborar e cooperar entre pares e com o professor*, que obteve 33% e 27%, presente na primeira e segunda tabelas, respectivamente, e *faz com que o aluno se sinta coautor da produção acadêmica na comunidade de que participa* (10%, 23 %).

Como análise final à décima segunda pergunta, acredita-se que os professores tenham escolhido respostas que visam o *continuum* da aprendizagem nos AVA e, através dele, *o desenvolvimento da convivência universitária em meio à sociabilização* possível por meio das TICs.

13ª pergunta: Quais são os novos papéis do professor universitário frente às TICs?
  a. Organizar, produzir e selecionar conteúdos com características multimídia.
  b. Aprimorar a verificação e avaliação do aprendizado do aluno.
  c. Mediar caminhos cognitivos e formas de comunicação que estimulem o diálogo entre alunos e entre professor-aluno.
  d. Conduzir de maneira harmônica a dinâmica da sala de aula presencial e virtual, para que as TICs não atropelem, mas auxiliem as práticas de ensino.
  e. Incentivar, motivar, facilitar, orientar a aprendizagem. Papel de orientador pedagógico e não somente transmissor de conteúdo.
  f. Estimular o aluno a ser agente ativo na busca de informações e não agente passivo que recebe informações sem questionamento.

14ª pergunta: Há desafios postos pelos usos das TICs para ocorrência dos novos papéis do professor universitário? Se sim, quais são?
  Todas as respostas foram afirmativas e apresentaram os desafios abaixo:
  1. Dominar os usos e aplicações das TICs, em específico, os ambientes virtuais de aprendizagem (AVA), isto para que não fiquem reduzidos a repositórios de dados e os cursos/conteúdos não apresentem tendências somente expositivas. Acredita-se que com tal domínio o professor consiga

construir e adequar os conteúdos de um determinado curso às turmas que tenham um grau maior ou menor de detalhes, dificuldades e profundidade, propiciando novas formas eficientes de ensinar e avaliar o aluno.
2. Conduzir e estimular o diálogo sem abrir mão da aprendizagem. Fazer com que o diálogo seja o ponto de partida da aprendizagem.
3. Propiciar ao docente maior agilidade na execução de atividades administrativas e práticas de ensino.
4. Diminuir a resistência às mudanças por parte dos docentes e alunos, pois a utilização das TICs exige tempo de dedicação, motivação, capacitação, aperfeiçoamento e quebra de paradigmas de comportamento, como retirar do professor a posição central do processo pedagógico.
5. Auxiliar na elaboração de projetos pedagógicos e tecnológicos que incluam regras e métricas à remuneração dos docentes com diferentes níveis de contratação. Há necessidade de um novo cálculo salarial para dedicação do docente, quando é considerada a combinação entre ambientes presenciais e virtuais do ensino superior.
6. Conquistar a confiança dos alunos para que reais momentos de interação ocorram, nos quais responsabilidades podem ser delegadas.
7. Atualização tecnológica permanente por parte da instituição de ensino superior, docentes e alunos.
8. Propiciar ao docente formação pedagógica e tecnológica adequada, para que caminhos metodológicos que unam momentos presenciais e virtuais de ensino sejam constantemente exercitados.
9. Através de grupos de discussão, auxiliar o docente e propiciar-lhe contatos com novas práticas de ensino para condução das aulas.
10. Facilitar a interação com o aluno e as respectivas características pessoais. O professor, ao conhecer mais pessoalmente o aluno, poderia motivar relações de confiança que vinculariam o aluno consigo mesmo, com o curso e com o próprio professor.

15ª pergunta: O uso das TICs em ambientes presenciais e virtuais de ensino favorece a aprendizagem cooperativa, centrada no aluno e autônoma? Por quê?

Todas as respostas foram afirmativas, porém, os professores informaram que as TICs, por si só, não levam à aprendizagem cooperativa, centrada no aluno e autônoma. A questão está na elaboração de projetos pedagógicos e tecnológicos que auxiliem a combinação entre ambientes presenciais e virtuais do ensino superior. Caso contrário, professores e alunos permanecerão presos a velhos paradigmas de ensino, e qualquer mudança sem projetos poderá refletir em lacunas de interações sociais que certamente implicarão em perdas/prejuízos relativos às atividades acadêmica, pessoal e profissional dos alunos e professores.

Sobre aprendizagem cooperativa, foram encontradas colocações sobre: alunos podem estudar e interagir por meio das TICs com maior agilidade/amplitude, monitorados e orientados pelo professores, sem necessidade de locomoção. Chama-se a atenção do professor para a rica oportunidade de estabelecer relações acadêmicas e profissionais e não permitir que um determinado conteúdo mal entendido seja rapidamente disseminado.

Sobre a aprendizagem centrada no aluno e autônoma, afirmou-se que oportunidades de interação por meio das TICs que possibilitam a relação direta e particular com o aluno, bem como o desenvolvimento do interesse, responsabilidade e maturidade por iniciativa do aluno, são fatores culminantes para o sucesso da mesma.

16ª pergunta: A escolha da abordagem pedagógica adequada viabiliza o uso das TICs junto à instituição de ensino superior? Por quê?

Todas as respostas foram afirmativas, porém os professores trouxeram à tona a necessidade de diálogo entre professores e universidade para que haja, respectivamente, preparação/formação e gestão/administração, durante a escolha e exercício da abordagem pedagógica adequada.

A formação dos profissionais que vivenciam a cultura de uso das TICs demanda tempo. Não basta ter todo o conteúdo impresso ou disponível nos ambientes virtuais de colaboração/cooperação; como também não deve haver uma transposição das aulas presenciais para o ambiente virtual.

O professor e a universidade poderiam considerar conjuntos de ações que propiciem a construção do conhecimento (i.e. desafios de busca do conhecimento, facilidade de consultas e de acesso às informações, uso de projetos pessoais de aprendizagem, incentivo à produção cultural, trocas culturais amplas etc.), os quais, para que ocorram, há necessidade de que a universidade proporcione um ambiente de convivência cultural, para que o aluno adquira um "modo de ser" que possa ser qualificado como superior.

O graduado do ensino superior tem que ser um agente de transformações culturais em um meio social amplo, e não paciente das tradições culturais do meio em que vive. No ensino superior concentram-se os grandes objetivos e aprendizados profissionais/técnicos e, para a ocorrência destes, é decisiva a escolha/prática da abordagem pedagógica adequada que viabilize momentos presenciais e virtuais de ensino.

As práticas de ensino que utilizam as TICs precisam estar alinhadas com diretrizes/normas da universidade, caso contrário as TICs poderão ser consideradas "adornos em uma árvore de natal".

Cursos de capacitação das TICs vigentes aos alunos, professores e às pessoas/profissionais que participam administrativamente da universidade poderiam ser constantes e praticados rapidamente após aprendidos. Um dos ideais é permitir que o aluno, por interação com a tecnologia (e.g. vídeo, simulador, jogo em realidade virtual etc.), tenha contato com conceitos/conteúdos antes mesmo da explicação do professor.

Um dos principais objetivos de uma abordagem pedagógica é uma aprendizagem suficientemente fundamentada, para propiciar a experiência crítico--reflexiva entre alunos e professor-aluno.

Pede-se atenção às iniciativas mal realizadas durante momentos presenciais e virtuais de ensino; por exemplo, um fórum mal gerenciado pelo professor pode ser pior do que não tê-lo criado. O efeito negativo gerado nas expectativas dos alunos pode anular futuras iniciativas mais bem formuladas.

Resumo

A releitura do terceiro papel, que traz a necessidade do docente envolver-se com a gestão universitária, tem início quando a instituição abre espaços para reflexões relativas ao aluno, ao professor e a ela própria.

A pesquisa realizada procura informar ao leitor *caminhos* para iniciar essas reflexões por meio dos três momentos de análise: i) O professor e as TICs; ii) O professor, o aluno e as TICs; iii) A gestão universitária e as TICs.

Questões para discussão

1) Como iniciar a utilização/viabilização das TICs junto ao aluno?
   a. Um bom início é olhar para o serviço bibliotecário. A gestão desse serviço com excelência, necessariamente, passa pelo desenvolvimento e utilização de processos: chave, estratégico e de apoio. Eles trazem consigo os indicadores de qualidade e suportam/embasam a *carta dos serviços prestados*. Aproximar o docente da biblioteca, desde o início da escolha do acervo, e, conjuntamente, aproximar o aluno do acervo disponibilizado é um processo-chave que merece atenção.

   O professor conhece as palavras-chave mais adequadas para que o aluno busque e recupere do acervo as referências *que mais fazem sentido*. Assim, os sistemas de busca das bibliotecas tornar-se-iam mais adaptáveis ao contexto histórico-cultural do professor e do aluno.

   As referências escolhidas são guardadas em bancos de dados que poderão personalizar as próximas buscas, bem como divulgar a aquisição de referências e campanhas que se adéquam ao respectivo perfil; este pode compartilhar *centros de interesses* em *redes sociais* que a universidade disponibilize.

   b. Um segundo olhar é direcionado ao acompanhamento eletrônico dos serviços prestados pela secretaria. Típicas situações que congestionam a secretaria, como o agendamento de vista prova e requerimento de um determinado documento, poderiam ser evitadas com sistemas computacionais que disponibilizam – dentre diversos serviços – os respectivos agendamentos e a emissão eletrônica de protocolos e documentos de modo seguro por meio de certificados digitais.

2) Como iniciar a utilização/viabilização das TICs junto ao professor?
   a. Os programas de capacitação docente, junto ao departamento de gestão de pessoas, poderiam englobar os desenvolvimentos pessoal, acadêmico e profissional.

   Constantemente, os docentes são convidados a disponibilizar o currículo atualizado à instituição. Nesse momento, novos cursos e trabalhos publicados poderiam ser percebidos e utilizados.

A gestão universitária pode contar com sistemas computacionais que disponibilizam, em tempo real, os mais diversos cruzamentos entre demandas e recursos internos.

Entre as oportunidades acadêmicas vislumbradas por meio desses sistemas, destacam-se as atividades interdisciplinares entre toda universidade.

Certamente, ao perceber-se incluído e partícipe da gestão, o professor estará também envolvido como *pessoa*.

b. Como apoio ao docente durante o uso das TICs, sugere-se que a universidade tenha uma espécie de *bureau*; neste, uma equipe conhecedora das tecnologias vigentes auxiliará permanentemente o docente. Não cabe ao *bureau* produzir conteúdo, porém, ele poderá compartilhar entre os docentes as soluções que obtiveram sucesso.

3) **Como iniciar a utilização/viabilização das TICs junto à gestão universitária?**

Um bom início é o caminho em direção à gestão da qualidade em serviços universitários. Esse caminho inclui: a avaliação dos sistemas de gestão da qualidade; os princípios da qualidade total; a política e objetivos da qualidade e os custos da qualidade.

Também há nesse caminho, suportando/embasando essa gestão, as gestões: por processos; de indicadores e de melhoria contínua. A *liga* entre todos esses elementos são as ferramentas de melhora da qualidade.

Conclusão

A hibridização do ensino superior é um caminho sem retorno. Nela há diversas possibilidades de combinações entre o ensino presencial e virtual. O primeiro suporte às combinações é a pedagogia; ela, conciliada às TICs e estratégias da gestão universitária, trará os passos iniciais de uma caminhada permanente.

Ao iniciar a releitura dos três papéis propostos procurou-se informar a importância de *constituir/manter vínculos entre pares e professor-aluno*. Para tanto, foi percebido que o *diálogo* e o *olhar para o outro* se façam presentes. Recomendaram-se a interação como porta de entrada para a mediação, a colaboração e a cooperação; nesta, pede-se que o professor considere a *construção de novos significados/sentidos* para *si* e para o *aluno*, possibilitando a *personalização/humanização* viabilizada por meio dos ambientes híbridos do ensino superior.

Logo após, o docente foi percebido em seu *aperfeiçoamento contínuo*; neste, o exercício da *humildade* e da *perseverança* chamam a atenção devido aos possíveis rearranjos das *ações* e dos *comportamentos* em atividades *administrativas* e *pedagógicas*. Sugere-se que a gestão universitária não trate a necessidade de aperfeiçoamento como cura abrupta de vícios, mas sim, com momentos de acolhimento e de fomento; este, com vistas aos *desenvolvimentos: pessoal, acadêmico* e *profissional* do docente.

Durante o aperfeiçoamento contínuo, certamente a formação técnica recebe grande atenção; porém, destaca-se o olhar para o outro, quando considerado o desenvolvimento de competências *psicopedagógicas*, as quais visam o desenvolvimento cognitivo do aluno em seu processo de *desenvolvimento humano*.

Sugere-se que a universidade disponibilize uma capacitação contínua sobre a prática docente no ensino superior, por exemplo, em relação às áreas de estudo: abordagens pedagógicas; metodologia do ensino superior; planejamento de cursos e currículos; organização de conteúdos; práticas de ensino; as TICs; compreensão de como o conhecimento se apresenta na universidade; elaboração de projetos individuais e coletivos; avaliação; percepção do espaço de criação por meio das relações entre cognição e afetividade etc.

Ao final, chamou-se a atenção para o *envolvimento* docente junto à *gestão universitária*. As reflexões obtidas por meio da pesquisa realizada mostraram que as *interações professor-aluno-conteúdo* e *professor-aluno--universidade* são precedentes e complementares aos usos das tecnologias da informação e comunicação. As tecnologias aparecem como *meio* e não como fim para essas interações.

A pesquisa também mostrou que há necessidade de *espaços* para *reflexões* relativas *ao aluno, ao professor e à gestão universitária*, para que as releituras dos papéis docentes possam ocorrer.

Referências

ARAÚJO, R. C. **Compartilhamento de conhecimento entre sistemas baseados em conhecimento**: um estudo de caso. 2000. 133 f. Tese (Doutorado em Ciência da Computação) – Instituto de Matemática e Estatística, Universidade de São Paulo, São Paulo, 2000.

ASSMANN, H. (Org.). **Redes digitais e metamorfose do aprender**. Petrópolis: Vozes, 2005.

BAKHTIN, M. **Marxismo e filosofia da linguagem**. São Paulo: Hucitec, 1999.

BARWISE, J. et al. **Situations and attitudes**. Cambridge: MIT Press, 1983.

BENJAMIN, W. O narrador: reflexões sobre a obra de Nikolai Leskov. In: **Sobre arte, técnica, linguagem e política**. Lisboa: Relógio D'Água, 1992. p. 35.

BENVENISTE, E. **Problemas de linguística geral I**. Campinas: Pontes, 1995.

BRANDÃO, H. H. N. **Introdução à análise do discurso**. Campinas: Unicamp, 2004. p. 89-92.

BRONCKART, J. P. **Atividade de linguagem, textos e discurso:** por um interacionismo sócio-discursivo. São Paulo: Educ, 1999.

BRUNER, J. Vygotsky – a historical and conceptual perspective. In: WERTSCH, W. J. (Ed.). **Culture, communication and cognition.** Cambridge USA: Cambridge University Press, p. 147-161. 1985.

CAMPBELL, M. et al. What campus-based students think about the quality and benefits of e-learning. **British Journal of Educational Technology.** London, v. 36, n. 3, p. 501-512. 2005.

CAMPOS, K. R. Contribuições da linguística para a construção da interação em cursos via internet. **Revista Unicsul - Universidade Cruzeiro do Sul:** Inovações tecnológicas – desafios do século XXI. São Paulo, n. 4. 2004.

CYBIS, W. A. et al. **Ergonomia e usabiliadade - conhecimentos, métodos e aplicações.** Florianópolis: Novatec, 2007.

COVOLAN, S. C. T. Utilização dos preceitos da teoria da atividade: a história da ciência como instrumento na construção de conceitos físicos. **Revista Eletrônica de Ciências Sociais**, n. 4. João Pessoa: ago. 2002.

DAELE, A. et al. Communautés d'apprentissage dans l'enseignement supérieur: objectifs et conditions de développement. **Les communautés virtuelles d'apprentissage.** 2. ed. Colloque de Guéret, France, jun. 2003.

DERVIN, B. et al. **Sense-making methodology reader** – selected writings of Brenda Dervin. Cresskill, NJ: Hampton, 2003.

DEVLIN, K. et al. **Language at work** – analyzing communication breakdown in the workplace. New York: Cambridge University Press, 1997.

FINO, C. N. Vygotsky e a zona de desenvolvimento proximal: três implicações pedagógicas. **Revista Portuguesa de Educação.** Braga, v. 14, n. 2, p. 273-291. 2001.

GIL, A. C. **Didática do ensino superior.** São Paulo: Atlas, 2006.

GOODMAN, N. Twisted tales; or, story, study and simphony. In: W. J. T. Mitchel (Org.). **On narrative.** Chicago: University of Chicago Press, 1981. p. 99-116.

HENDERSON, R. Self-regulated learning: implications for the design of instructional media. **Contemporary Educational Psychology**, United States, v. 11, p. 405-427. 1986.

ISO 704/2000. **Terminologia: princípios e métodos**, 2005. Disponível em: <http://www.iso.org/iso/home.htm>. Acesso em: 10 out. 08.

ISO 9241/2000. **Ergonomia de interfaces humano-computador**, 2005. Disponível em: <http://www.iso.org/iso/home.htm>. Acesso em: 10 out. 08.

ISO 2788/1986. **Desenvolvimento e estabelecimento de thesaurus**, 2005. Disponível em: <http://www.iso.org/iso/home.htm>. Acesso em: 10 out. 08.

KUHLTHAU, C. **Seeking Meaning:** a process approach to library and information services. Westport, CT: Libraries Unlimited, 2003.

LEONTIEV, A. **Activity, consciouness and personality**. Englewood Clifs NJ: Prentice Hall, 1978.

LÉVY, P. **As tecnologias da inteligência:** o futuro do pensamento na era da informática. Rio de Janeiro: 34, 2006.

LEWIS, R. The hybridization of distance learning: UK perspective. **International Review of Research in Open and Distance Learning**, 2002. v. 2, n. 2. LITTO, F. M. The hybridization of distance learning in Brazilian approach imposed by culture. **International Review of Research in Open and Distance Learning**, Canada, v. 2. n. 2. 2002.

LURIA, A. **The making of mind – a personal account of soviet psychology**. Cambridge MA: Harvard University Press, 1978.

MACHADO, N. J. Imagens do conhecimento e ação docente no ensino superior. **Caderno de Pedagogia Universitária – USP**. n. 5, jun. 2008.

_____. **Educação: projetos e valores**. Coleção Ensaios Transversais. São Paulo: Escrituras, 2000.

_____. **Epistemologia e didática – as concepções de conhecimento e inteligência e a prática docente**. São Paulo: Cortez, 1999.

MAJÓ, J. et al. **La revolución educativa en la era de la internet**. Bilbao: Praxis, 2002.

MARCONI, M. A. et al. **Técnicas de pesquisa**. São Paulo: Atlas, 2002.

MEIRINHOS, M. F. A. **Desenvolvimento profissional docente em ambientes colaborativos de aprendizagem a distância:** estudo de caso no âmbito da formação contínua. 2006. 362 f. Tese (Doutorado em Educação) – Instituto de Estudos da Criança, Universidade do Minho: Braga, 2006.

MOORE, M. G. Three types of interactions. In: KEEGAN, D. et al. **Distance education: new perspective**. Londres: Routledge, 1993.

MORAN, J. M. **Avaliação do ensino superior a distância no Brasil**. Disponível em: <http://www.eca.usp.br/prof/moran/avaliacao.htm>. Acesso em: 09 fev. 11.

MORENO, A. R. **Wittgenstein – os labirintos da linguagem – ensaio introdutório**. São Paulo: Moderna, 2000.

NETTO, J. T. C. **Semiótica, informação e comunicação:** diagrama da teoria do signo. Coleção Debates. São Paulo: Perspectiva, 2001.

PALLOFF, R. M. et al. **Construindo comunidades de aprendizagem no ciberespaço** – estratégias eficientes para a sala de aula on-line. Porto Alegre: Artmed, 2002.

PETERS, O. **A educação a distância em transição:** tendência e desafios. São Leopoldo: Unisinos, 2003.

POLANYI, M. **The tacit dimension**. Gloucester, Mass.: Peter Smith, 1983.

_____. **Personal knowledge – towards a post-critical philosophy**. London: Routledge & Kegan Paul, 1969.

PONTE, J. P. Tecnologias de informação e comunicação na formação de professores: Que desafios? **Revista Iberoamericana de Educación**. Madrid, n. 24, p. 63-90. 2000.

SANTAELLA, L. M. **Navegar no ciberespaço:** o perfil cognitivo do leitor imersivo. São Paulo: Paulus, 2007.

SARTORI, A. S. **Gestão da comunicação na educação superior a distância**. 2005. 214 p. Tese (Doutorado em Ciências da Comunicação) – Escola de Comunicações e Artes, Universidade de São Paulo, São Paulo, 2005.

SHALE, D. The hybridization of distance learning in Canada. **International Review of Research in Open and Distance Learning**. Canada, v. 2. n. 2. 2002.

SILVA, L. A. **Novos papéis do professor universitário frente às tecnologias da informação e comunicação**. 2009. 138 f. Tese (Doutorado em Educação) – Faculdade de Educação, Universidade de São Paulo, São Paulo, 2009.

STENSAKER, B. et al. Use, updating and integration of ict in higher education: linking, purpose, people and pedagogy. **Higher Education – The International Journal of Higher Education Research**. New York, v. 54, p. 417-433. 2007.

SUTHERLAND, R. et al. Transforming teaching and learning: embedding information and communications technology (ict) into everyday classroom practices. University of Bristol, UK and University of Plymouth, UK. **Journal of Computer Assisted Learning**. England, v. 20, p. 413-425. 2004.

TOLMIE, A. et al. **Factors influencing the success of computer mediated communication (cmc) environments in university teaching:** a review and case study. Department of Psychology. University of Strathclyde. UK: Glasgow, 2000.

VAN DIJK, T. A. **Cognição, discurso e interação**. São Paulo: Contexto, 2000.

VEER, R. et al. **The Vygotsky reader**. Oxford: Blackwell, 1994.

_____. **Understanding Vygotsky** – a quest for synthesis. Cambridge MA: Blackwell, 1991.

VYGOTSKY, L. S. **Mind in society – the development of higher psychological processes**. Cambridge MA: Harvard University Press, 1978.

WADDOUPS, G. et al. Bringing online learning to campus: the hybridization of teaching and learning at Brigham Young University. **International Review of Research in Open and Distance Learning**. Canada, v. 2, n. 2. 2002.

WERTSCH, J. **Voices of mind**. Cambridge MA: Harvard University Press, 1991.

_____. **Vygotsky and the social formation of mind**. Cambridge MA: Harvard University Press, 1985.